創意人一定要懂的7堂EMBA課

四大創意經濟名師
何小台／范揚松／黃丙喜／解崙—著

Programs

演出節目

第一樂章

創意開鑼

當蘇東坡遇上張大千

Creative Opening

創意序曲

鑼聲、鼓聲、讀書聲

（李安導演的電影《臥虎藏龍》裡，其中一段楊紫瓊及章子怡飛簷走壁、追逐打鬥的背景音樂在現場響起——）

◎序　幕——來自各界的重量級主角

鑼聲、鼓聲、風聲、雨聲、讀書聲，這是一場創意狂潮的序曲。今天，你將經歷一場創意的奇思漂流，想想看：如果蘇東坡遇上張大千、李安遇上王家衛、畢卡索遇上比爾蓋茲、康納曼遇上江蕙、林志玲遇上巴菲特、賈伯斯遇上徐悲鴻……，這個世界將會增添多少的奇妙趣事？

歡迎大家千里迢迢來到這個「創意特區」，這是我們四位分別在大陸、台灣、香港、新加坡四地與EMBA／EMFA／IMBA互動的地方，教學相長，大家都覺得很有收穫。恭喜各位來到這個看似不起眼的地方，但這裡藏有很多令人驚喜又極有價值的奇思妙想，我們保證各位會不虛此行。

我們這四位嚮導分別是：**政治大學IMBA學程教授何小台、國家文官學院講座教授范揚松、台灣科技大學EMBA教授黃丙喜，和上海交通大學產業創意研究所所長解崙**。

我們的一大特色是，不太像傳統的教授（台下觀眾：一看就知道），能當經師、業師，也可以當禪師，也都是諾貝爾物理學獎得主愛因斯坦（Albert Einstein）的信徒。我們堅信，道理總是最簡單、最樸實且最白話的，天底下只要有道理的事，確實都能用白話講清楚。我們不會把簡單的事搞得很複雜，也不會有太多艱澀的理論。今天將是一段屬於諸位帥哥美女VIP的奇幻漂流！（全場鼓掌叫好）

◎第一幕——奇遇、奇緣、奇事激盪

我們今天聚在這裡，自是一種奇妙的緣分。管理學上有個詞叫「群體動力」（Group Dynamics），就是指群體發展有其生命周期，是形成（Forming）、激盪（Storming）、規劃

（Norming）到執行（Performing）一系列周而復始的循環機制。在群體形成的階段，一個人加入某一個群體，都包括了緣分、興趣、友誼、相似背景等非正式因素。

我們今天的相聚，不正充分滿足了這種因素？希望我們從今而後，能夠繼續經由對話、溝通、腦力激盪、激發共識，進而一起合作，做一些關於創意的大好事業。

在剛開始時，請大家欣賞的電影《臥虎藏龍》中，武林高手飛簷走壁、追逐打鬥的場景和音樂。這段音樂以鑼鼓聲為背景，原是傳統的樂器，但經過現代科技的運用，展現出完全不一樣的效果和風貌，這就是典型創意的魔法、魅力和價值。

現在，請移動你的視線到正前方的大牆上。看到什麼了嗎？

（整合了現代聲光影音的科技，飛快地將一段高速旋轉的字幕，打在高聳的大牆上。音樂響起，聲光乍現，現場一片驚呼，朗誦聲緩緩揚起——）

創意

是反叛體制的自由釋放　是挑戰傳統的標異立新

是突破邊界的大膽試煉　是超越自我的正向能量

◎第二幕——突破、挑戰、釋放自由

今天想要傳達給各位的第一個概念就是「標異立新」，尊重傳統，但同時也勇於打破傳統的新思維、新方法、新行動。

創意，簡單地說，就是「使用意念思維，創造新價值」，能夠啟發新穎性、特殊性和創造性的想法和做法。**它的特點是藉由人們自發的天賦或外在的刺激，觸動、挖掘個人獨特的意念思維。當把這件事運用到現實生活時，就能創造物質效益和精神滿足的雙向嶄新價值。**

創意，我們稱之為挑戰傳統、反叛體制的自由釋放。體制源於管理學上的「體制理論」（Institutional Theory），企業在思考創新策略時，除了要面對組織內部規定、架構的約束和重重阻力，還得受到外部環境的政府法規、社會道德、企業倫理等傳統價值的規範。企業為了免於被體制唾棄的恐懼，只得犧牲自己的自由，選擇服從權威，順應通俗潮流。這種服從體制、逃避自由的保守做法，肯定是限制創意的第一殺手。

釋放自由（Free of Freedom）強調的是，成功的創意人在面對抉擇時，會選擇聆聽內心的聲音和欲望，敢於挑戰體制、權威和傳統，勇於面對變動風險的挑戰，使得創意有發揮及成長的時間和空間。前蘋果電腦總裁賈伯斯（Steve Jobs）就是極為成功的一個範例。**創意成功的訣竅就在於，**

大膽突破邊界的試煉，以及充分發揮超越自我的正向能量！

和各位分享諾貝爾獎得主、法國詩人普呂多姆（Sully Prudhomme）講的一句話：「只有在偶然的機遇裡，才能得到泉湧靈感。」他的另一句名言也同樣值得創意人深思：「人類常常幻想如飛鳥般探險，卻不能付出跟飛翔同樣大膽的意志。」

◎第三幕——情節、情境、未完的情事

相遇是人間一切有趣故事的開始。當許仙遇上白蛇，羅密歐遇上茱麗葉，玄奘遇上孫悟空，劉備遇上關公、張飛和諸葛亮，一代宗師葉問遇上李小龍，一個個看似不經意的人間偶遇，經過創意的奇思和創新的妙想彼此碰撞，就能激發出無限的戲劇張力。於是這些故事，為人間留下了傳唱千古的情節、情境和寶貴的文化資產。

創意經濟的地圖（見圖一・一）橫跨軟體和硬體、有形和無形、隱性和顯性的多重特性及價值。整個地圖包括了挖掘價值的「翻箱倒櫃」、感知心理的「舞動情欲」、橫跨藝術和商業的「翻轉價值」、由創意到創業的「天使資本」、從創造到創新的「啟動奇思」等等。

想看它的細節嗎？想聽它的故事嗎？想一飽心靈的饗宴嗎？想一探創意財富的究竟嗎？各位

創意同志們，讓我們先在這裡，仔細聆聽欣賞這四位嚮導的獨門淘金攻略，一同開挖屬於自己的創意金礦吧！

進場參觀前，我們要丟出一個問題讓大家仔細思考，這個問題是香港學者陶傑在他的Facebook上提出的。他問：「兩百年來，為什麼是香港和新加坡做了英國的殖

圖 1.1　創意經濟地圖

民地，而不是英國的利物浦和萊特島做了中國的殖民地？」

你有沒有想過這樣的問題？這裡又有什麼文化心理的玄機？如果是在學校裡，學生在課堂提出這樣的問題，教師應該怎麼回答？根據陶傑的說法，如果是他，他多半會愣一下，想一想，然後說：因為工業革命先發生在英國，他們「船堅炮利」，因此在對外侵略上占了便宜，憑著先進的武器，攻占了亞洲和非洲。

若奠基於中國式的思維，中國人的答案大概就到此為止。學生答卷，也以這一點為標準答案，得到滿分。然而「船堅炮利」是物質的、工器的、形而下的，當一個民族的思考力，特別在涉及自身歷史的議題上，只達到此一層次，文明的成就可能會十分有限。陶傑時時問中國朋友這個問題，看他們的反應和思考方式，並暗中了解他們的文化心理，也發覺中國人回答「船堅炮利」的機率高達百分之百。

有一次，一個香港人問他：「那麼你認為是什麼原因呢？」

陶傑回答：「我的看法完全不同，說出來，你會認為文不對題，但是我覺得這是香港淪為英國殖民地，而利物浦從未成為中國殖民地很重要的原因。莎士比亞的戲劇傳到中國民間後，《哈姆雷特》（*Hamlet*）通稱『王子復仇記』；《馬克白》（*Macbeth*）譯為『浴血金鑾殿』，為什麼呢？因為在市場上，每齣電影的發行商一定會另取一個通俗的名字，就像如果片名直稱

『羅密歐與茱麗葉』而不是『殉情記』，在香港的票房就會少了許多。但是這些產品，在英語國家的五百年來，一樣是給大眾看的，莎士比亞時代街上的海報也都是這樣寫，為什麼那時的市井大眾仍會掏腰包進場？如果我說這一點，決定了其後殖民主義由西至東的方向，我覺得這才是一條有趣的通識題。」

這個答案你同意嗎？文化觀點是不是很有意思呢？**創意就是要這樣，擁有奇思的空間，再加上心理學、經濟學、地理學、管理學、神經學等等的交錯探索，大家就會發現創意、文化和產業更有趣、也更有意義了！**

有個好消息要告訴大家：為了使各位不虛此行，我們很高興邀請到海峽兩岸在創意產業經營有成的數位企業家及創意人，一起在最後一章跟大家務實對談。群體溝通是現代經營者要學習的重要功課，這次的群體對話也是我們的創意之一，期待大家會有意外的收穫。特別值得介紹的是，何小台教授有個「天使創意基金」、范揚松教授有個「數位創意平台」、解崙所長有個「產業創意中心」、黃丙喜教授有個「創意實驗平台」，這裡聚集了相當多的創意、創業和創投的人才，也歡迎大家善加運用。

現在，請回頭想想我們一開場丟出的那麼多「如果」，你的創意神經是否有什麼不一樣的感覺了呢？

創意唱戲、經濟搭台

捕魚，有好多種捕捉的方法，也都可能捉出不一樣的創意、心境和格局。姜太公釣魚是一種、海明威的《老人與海》是一種、梭羅的《湖濱散記》和笛福的《魯賓遜飄流記》也是一種，還有許許多多我們不知道的捕魚法。

捕捉方法固然有所不同，但每一種都向我們呈現了自然與人為的多元豐富意境：有湖泊的寧靜、有川河的漂流、有大海的洶湧。隨著季節的變換、人事的飄移，再加上個人的心思和心境悠遊其上，每一個因之延伸的感知、感覺或感觸，都極可能醞釀出人類文化的一大資產。

故事也可以用捕魚的不同方法去詮釋。開放的視野和胸襟可以讓故事更加有趣，而且百聽不厭。當蘇東坡遇上張大千，你想會發生哪些創意的趣事？

宋代詩人蘇東坡和民國畫家張大千相隔六百多年，在中國藝術史上同以詩書畫齊名。他們兩人的不同際遇和西方的梵谷與畢卡索十分相似，一個一生窮苦潦倒，一個卻享有榮華富貴。

張大千八十一歲時曾自書一聯：「獨自成千古，悠然寄一丘」，形容一生心境。他可以如此悠然自得，藝術創作成就斐然固是主因，但是不愁生活也是關鍵。在北京舉行的中國嘉德二〇一〇年春拍，張大千的巨幅絹畫《愛痕湖》，以一億零八十萬人民幣的天價成交，這是中國近現代書畫價值首次突破億元。二〇一三年一月，張大千再以一幅《潑彩山水》鉅作，在山東濟南翰德迎春拍賣會書畫專場中，以二．五億人民幣的天價成交，創下中國書畫作品的成交新高。

齊白石說張大千的畫：「一筆一畫，無不意在筆先，神與古會。」五十歲前，張大千曾三上黃山，二登華嶽，上清借居，敦煌撫古，名山大川登覽殆遍。一九五〇年他離開大陸，旅居印度大吉嶺；一九五二年遷居阿根廷首都近郊門多薩，是阿根廷前總統貝隆夫婦的座上客。一九五四年遷居巴西聖保羅，鉅資營造個人別墅八德園。他先後出訪美國、法國、希臘、新加坡、泰國、印尼、日本、菲律賓、韓國等國的大城市，並在當地舉辦畫展。西方把他和畢卡索稱為當代繪畫藝術的雙星。

相較於蘇東坡形容自己一生的貶逐生涯：「心似已灰之木，身如不繫之舟；問汝一生功業，黃州、惠州、儋州。」令人不勝感慨。蘇東坡的文風汪洋恣肆，明白暢達：「大略如行雲流水，初無定質，但行於所當行，常止於所不可不止，雖嬉笑怒罵之辭，皆可書而誦之。」其詩清新豪健，善用誇張比喻。其體渾涵光芒，雄視百代，有文章以來，蓋亦鮮矣。但文人相輕，加上時局捉弄，造成他十分困厄的人生。

◎我們的心聲——藝術與商業絕不對立

創意被現代的許多經濟學家、未來學者和政務官員認為，是引發全球經濟和產業第五波革命的關鍵，二十一世紀後，國家、企業和個人的核心競爭力已非創意莫屬。創意力是思維，創造力和創新力則是行動，創意價值導向的時代確實已經來臨。

當今創意經濟的新舞台上，在政府產業政策的推波助瀾下，也確實開出一些美麗花朵，讓很多人享受著豐盛的心靈饗宴；或結出甜美果實，讓創意人和社會一起分享經濟的新成果。但是，我們也無法忽視，許多有創意天分的人至今仍然無法跨越古今中外「藝術和商業對立」的心理藩籬，「梵谷困境」依舊存在於今天的發明設計界、藝術創作界、創意應用界等許多角落。

創意人、藝術家、發明家就像其他行業的成功者一樣，當然必須勞其筋骨、苦其心志，才能創作出驚人的作品。但是，修行也該成佛，創意人的智慧結晶，是否一定得經過一生物質和精神生活的磨難才能修練得道？有智慧的人都知道，絕對沒有這種道理。

◎我們的心意——讓藝術與商業有脈絡可循

雙手打開，抓得最多；思維打開，想得更好；心靈打開，享受更高遠的境界。創意的靈感和奇思妙想可能是瞬間的心靈感觸，然而，它並不一定沒有脈絡可循，沒有可靠的方法可用，更不是沒有捷徑可走。

澳洲學者索羅斯比（David Throsby）在他的《文化經濟學》（*Economics and Culture*）中，替大家描繪的創意價值模式是，將人的腦力、創造力和生產力發揮到極致的產業化過程。我們往上延伸，將它具體地和「可以創意的地方」、「可以創意的環境」和「可以創意的方法」相結合，提出了可行的「創意經濟價值模式」（見圖一．二）。

這一切的中心都是以消費者為導向，若消費者對產品和服務不滿意、覺得價格和服務不合理，而外部環境存在不合法、不合情的缺失，例如不環保、不科學；可以創意的方法就是產業價值鏈中一切可以改進的技藝、工藝或文藝的方法，加上歸納、演繹、加減乘除等科學方法之運用。

愛因斯坦說：「成功＝艱苦的勞動＋正確的方法＋少說空話。」**創意和藝術的成功不能只靠天分，還是要依靠可以學習的正確方法**。他還說：「藝術是以最簡單的形式，表達最深奧的思想。」我們不能說物理比藝術複雜，但是愛因斯坦深諳人性、人生和哲學，這種超越紅塵的智慧，正是我們這些學習「創意」的人們要學的。

每次加拿大太陽劇團的演出，都能給我們在創意、藝術和經營管理上一些新的感觸；反觀國內不少藝文團體，經年累月都得依靠政府的補助才能繼續存活。這種現象存在久了，反而會被視為理所當然。懷有創意成功意念的人，一定要有勇氣自己打造一片天，無論從投資或補助的角度來看皆無例外。

我們四個人共同撰寫這本書最大的價值，就是想協助大家超越自我、聚集正面能量，為創意、創造、創新、創作、創業和創投之間搭起一道互通互動的創益平台，開創一個「創意唱戲、經濟搭台」的新世界。

「學而不思則罔，思而不學則殆」，我們引用孔子這句話，期待和每一位讀者在創意的課題上共同切磋，一起努力。歡迎你的來信，謝謝！

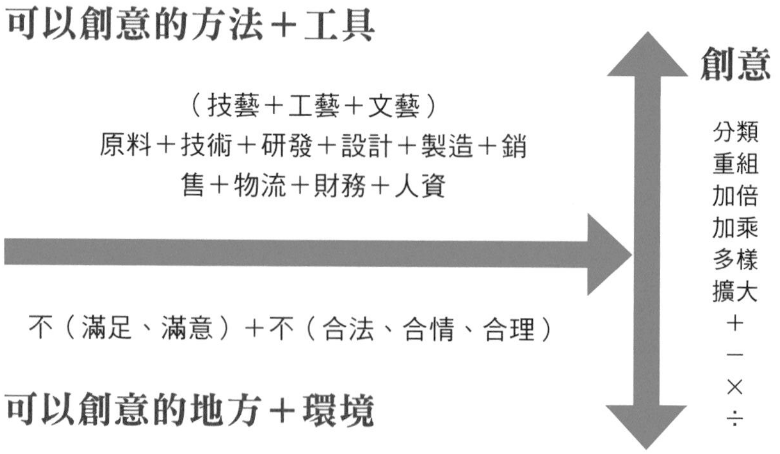

圖 1.2　創意經濟價值模式

第二樂章

翻箱倒櫃

當李安遇上王家衛

Data Mining

解崙胡琴獨奏、黃丙喜大提琴伴奏

從創意、創異到創益

「在這樣一個小而強的年代，科技發展使資訊唾手可得，天涯若比鄰。透過高畫質影像，世界美景盡收眼底；透過虛擬實境，人人可登喜馬拉雅山，乘滑翔翼與攀岩，一切有如身歷其境。儘管如此，親身體驗仍無可取代，因為世界越趨整合一致，個別文化越渴望保存自身特色，個人藉旅行找尋歸屬感的欲望也越強烈。」

——未來學家奈思比（John Naisbitt），《全球弔詭》（*Global Paradox*）

◎二十一世紀的黃金產業

在悠揚的胡琴聲中，我們聆聽到峰迴路轉的天籟，樂曲中娓娓訴說著挖掘創意金礦的故事。

比爾．蓋茲（Bill Gates）說：「創意具有巨大的裂變效應，一盎司創意金沙，能夠帶來難以計數的商業利益、奇蹟和快感。」創意的金礦並不好找，必須借重更多現代的知識和科技，才能登堂入室。前人千辛萬苦地淘金，想要利用水桶、鐵篩、鏟子在溪水旁找點金沙，發點小財；在二十一世紀數位科技時代的今天，我們可得有別的聰明方法和做法。

創意經濟被聯合國和全球許多學術機構稱為二十一世紀全球性的成長產業。根據聯合國教科文組織（UNESCO）統計，印刷品、文學作品、音樂、視覺藝術、攝影、廣播、電視、遊戲與體育用品的年貿易額，在一九九八年達三八八〇億美元，二〇〇四年達近六〇〇〇億美元，二〇一〇年已突破一兆美元。文化與娛樂業是美國最大的產業，二〇〇〇年後每年產值皆逾四千億美元，占美國GDP的一八%到二五%，出口額則占其外貿總收入的三八%以上。二〇〇二年日本創意產業銷售額約為一〇〇〇億美元，接近汽車業的產值，日本的漫畫成功行銷歐美亞全球市場。

其實，**創意經濟產業並不是到了二十一世紀才響亮起來，只是在華文世界受到的重視和起步較晚**。法蘭克福學派學者霍克海默（M. Horkheimer）和阿多諾（Theodor Adorno）一九四七年在《啟蒙的辯證》首次系統性地揭示「文化產業」，指出資本主義的發展中，新的文化現象就是電影和廣播不再只是藝術，而轉變成了工業。一九六五年美國經濟學家馬克盧普（Fritz Machlup）提出了「知識工業」，德國詩人安森柏格（Hans Magnus Enzensberger）一九六八年提出「意識工業」，歐洲委員會稱之為「內容產業」，美國學者稱之為「創意產業」，聯合國教科文組織則稱之為「文化產業」。

◎用五個W和四個How，開挖創意礦脈

創意金礦十分貴重，誰能夠挖掘得到呢？誰又能運用得最有價值呢？只有懂得其中關鍵的人才不會白忙。了解創意從創異、創藝、創憶到創益的過程（見圖二・一），才是面對知識爆炸的新經濟時代之正確策略。這一章開宗明義的主題就是「翻箱倒櫃」（Data Mining），對於創意經濟這個主題來說，

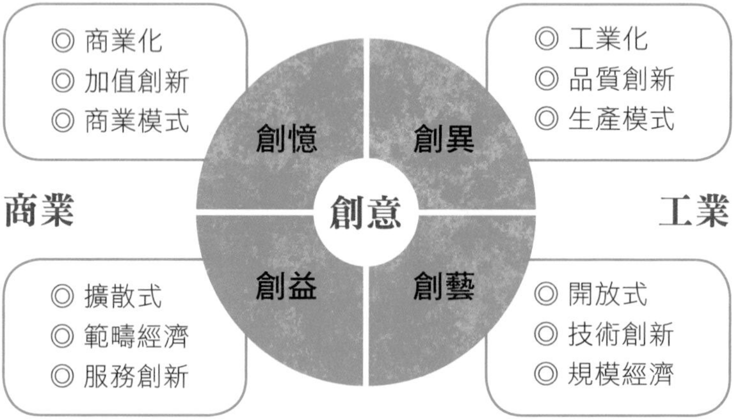

圖 2.1　創意經濟的產業化過程

我們必須先來探討兩個方向的內容和意義：

一、**如何「翻箱倒櫃」**：如何在荒野漫漫的創意特區裡，成功地尋找金礦？

二、**哪裡「翻箱倒櫃」**：哪裡存在著創意金礦，值得我們現在就去挖掘？

探尋礦區是件辛苦的任務，所以更要懂得控制時間、風險和成本。在實際採礦時，要先在地層上進行深部定量定位預測，建立礦體的三維空間立體模型，從而引導實際挖掘時的開採工作，預先了解挖掘的原理原則、定義概念、範圍詮釋等等，創意金礦的挖法當然也不例外。

創意經濟包含了兩大重點內容：

一、**創意詮釋新文化，包括五個W**：What，創意是什麼？Why，為什麼需要創意？Who，創意人是誰？When，創意激發點是何時？Where，創意的底蘊在哪裡？

二、**創意創造新價值，包括四個How**：如何挖掘創意金礦？如何培養創造力？如何使用創新力？如何創造新價值？

我們採取雙向並進的方式向大家說明，一是對於理論基礎做出簡明的介紹，二是在實務上引用一些案例，做為對實踐經驗的挖掘和提煉。

◎四個面向，串成創意經濟價值鏈

希臘裔的美國表演家雅尼（Yanni），具有充滿現代感的表演能力，令人心醉神馳。他的音樂表演空間充滿創意的靈感飛躍，已從劇場舞台的物理建造，發展到動人瞬間的掌握，他創造出來的視覺和聽覺效果，讓人產生千變萬化的新奇震撼。他的創意團隊曾將音樂表演舞台嫁接在舉世聞名的世界文化遺產上，在希臘神殿、北京故宮大殿、埃及金字塔，甚至到蔚藍海面上表演。在夜間微風和令人陶醉的燈光映照下，觀眾就能在很短的時間內，感受到前所未有的身心靈體驗。雅尼在世界音樂上標異立新的創作、表演概念的創意，和對時間爆發點的掌控，皆相當令人驚豔。

創意的迷人魅力，正是在無限的創意及無盡的不確定、不對稱和不一樣的因素間，擺盪出來的最大市場價值。正如美國哈佛大學教授考夫（Richard Caves）在《文化創意產業》（*Creative Industries*）一書所提出的創意價值公式，見圖二·二。

創意，簡單地說，就是人類「使用意念思維創造新價值」的過程。這指出了它的兩個重點，一是意念思維的翻新，絕對不是盲目的模仿；二是它蘊含著新價值，而不是漫無目的或天馬行空。所以，**創意的四個面向應該是創異、創藝、創憶和創益。創意是意念發想，創藝是技術和工藝，創異是標異立新的行動，創憶是感動行銷的做法，創益是創造經濟和文化價值，整個串成創意經**

濟的產業價值鏈。

◎一張椅子的故事

一張椅子可以有什麼驚人的創意？丹麥家具設計大師韋格納（Hans Wegner）透過他深刻的洞察力、文化力與商業力，特別是藏在人們內心深處共通的印象和語境，讓每張椅子都擁有了動人的故事。一張椅子，傳遞了一位設計藝術大師跨越東方和西方的智慧。

韋格納最有名的設計是一九四九年誕生，名為「椅」（The Chair）的扶手椅，它使得韋格納的設計走向世界，也成了丹麥家具設計的經典之作。他的設計很少有生硬的稜角，轉角處一般都處理成圓滑的曲線，帶給人親近的感覺，並且擁有精緻的細部處理和高雅質樸的造型。這種椅子迄今仍然頗受大眾青睞，成為世界上被模仿得最多的設計作品之一。

$$\frac{(\text{創意})^{N}\ (N=1\to\infty)}{\text{最小的成本}}=\text{最大的價值}$$

創造是從零到一的突變過程，創新是從一到無限大的進化過程，創意囊括創造力和創新力的全部內容，並且大於兩者之和。

圖 2.2　創意價值公式

韋格納早年潛心研究中國家具，一九四五年設計的系列「中國椅」就吸取了中國明代椅的精華，一九四七年他設計的「孔雀椅」還被放置在聯合國大廈。

◎四個階段，讓阿基米德破解王冠的祕密

創造性有四個過程，包括預備期、醞釀期、啟發期和驗證期，每一階段根據心理學家萊希（Benjamin B. Lahey）的認知心理學觀點，其特性和思維內容如表二·一。它最好的例子是古希臘科學家阿基米德面對來自國王的挑戰。國王要他驗證王冠是否為純金打造，但又指示他不能用任何破壞王冠的方式，於是他經歷了四個時期的創造力激發過程，終於找到創新的解決方法，如圖二·三。

讓音樂神童莫札特（Amadeus Mozart）靈思泉湧的情境，就在吃完一頓豐盛晚餐後的漫步。而你的情境又是什麼呢？

創意的靈感到底怎麼來？何時是激發它的瞬間或高潮？這不只深受藝術界人士關心，更是心理學家研究的重點。根據心理學家多邦和諾維奇（Isen Dauban & Nowicki）的研究，人在觀看一部喜劇影片之後，比較有機會創意泉湧。另外一位心理學家麥德尼克（Sarah Mednick）則指出，遠距聯想有助於激發創意的精靈。

表 2.1　創造性的四個過程

預備期	最初問題的清晰陳述、回憶相關的事實，以及考慮可能的解決方法
醞釀期	休息期，先把問題擺在一邊
啟發期	因為一個突然的洞察或發現，找到適合的解決方法
驗證期	採取某些必要步驟，檢驗解決方法

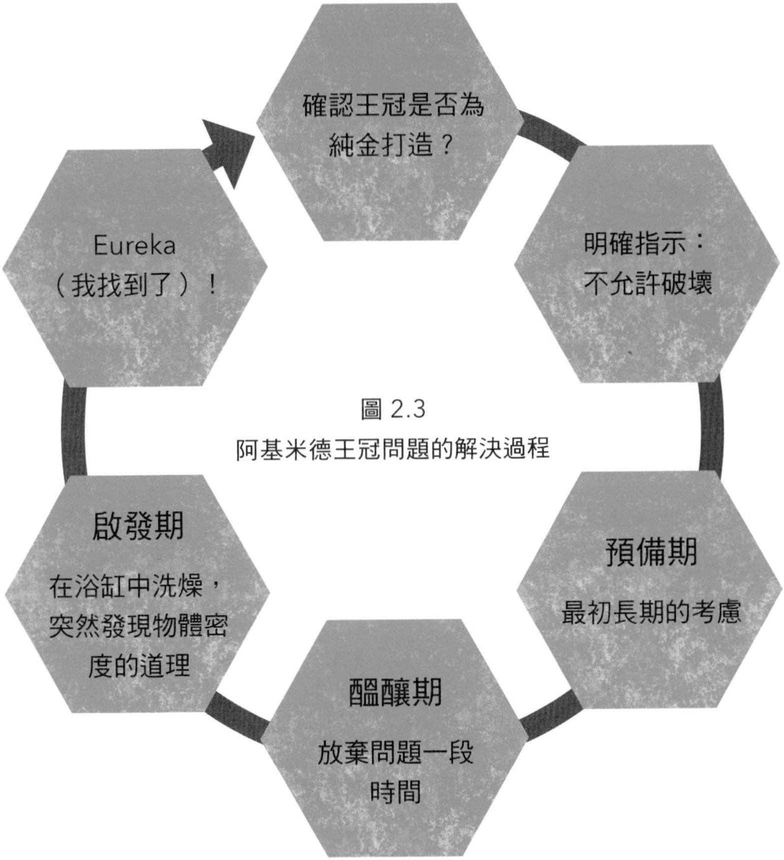

圖 2.3
阿基米德王冠問題的解決過程

◎四塊大石，阻礙創意開挖

一、**權威：**來自政治、文化、教育、社會、習慣的種種權威，會使人們年復一年地以權威為安身立命的指導，對權威的命令、條款、言論不假思索地盲信盲從，結果就是失去獨立思考、否認權威、勇於創意創造創新的精神和能力。專業也是權威的一種。多數情況下，只按照既有專家的知識、意見、指示辦事，總會比較順利成功；久而久之，我們便習慣以專家的知識為知識。事實上，權威反而讓我們只敢循著老路走，即使新的康莊大道近在咫尺，我們也不敢踏上。

二、**從眾：**從眾就是指跟風，順從大眾的喜好、習慣和套路，別人怎麼做就跟著做。思維上的「從眾心理」，讓人擁有一種安全感，可以消除孤獨、寂寞和恐懼等負面心理，認為這樣是比較保險的處世態度。集權專制國家基本上就是如此塑造自己的人民，讓人民恐懼，讓人民跟從。事實上，在繽紛多彩的世界裡，事物的變化充滿了種種可能，我們所面對的新舊問題都有許多答案，當我們因從眾而認為答案只有一個時，創造力就就會遭到掩埋。

三、**苟安：**一般情況下，經驗是我們處理日常問題的好幫手，只要重複模仿那些經驗，就足以應付一些常見的問題了。因此，這種得過且過、苟安隨便的心態，都已融進我們的日常生活。經驗與創造力之間是個蠻複雜的命題。我們可以依賴相對穩定的經驗，但也可能對經驗過分依賴乃至崇拜，形成固定思維，阻礙創造力。個人經驗往往是狹隘的，不管你的經驗多麼豐富，沒有經歷過的事情絕對無窮、複雜又多變。所以，當我們在新的時空裡面臨從未遇過的事物、問題、麻煩時，如果單憑既有的經驗去推斷解決，可能會導致無可挽回的極大錯誤。

四、自我：每個人都擁有自己獨特的經歷、經驗和個性，因此往往會自覺或不自覺地按照自己的觀念、站在自己的立場，用自己的眼光來安排、思考別人乃至整個世界的事情，這就產生了自我中心的思維模式。如果每個人都只會站在自己的角度，堅持自己的看法處理事務，那麼和別人溝通就很困難。我們應該學習蘇格拉底所提倡的「知道自己的無知」，與他人共同研究知識的相對性，以及知識與現實中的差距，找出最佳的創造性解決方案。

◎創意經濟的價值方程式

創意經濟的價值方程式其實就是，讓好點子變成好生意的價值創造過程。正如《創意經濟》（*The Creative Economy*）作者霍金斯（John Hawkins）說的，創意不僅樂趣橫生，也是一番大事業。

然而，要如何把創意轉化成金錢、資本或利潤？光靠好點子不足以成事，還得看我們如何運用它。

創意的價值形成過程如圖二．四所示，是由概念，也就是點子的起心動念開始，經由體會、思考或者運用意志力的過程，再經自覺的動機、審美的眼光、管理的行動，創造出完全不同以往的情況，而這些情況則以創造出來的新奇性、新穎性和獨特性為衡量的指標。

在創意經濟的範疇裡，創新只是它所表現出來的價值之一，或者是創意其中的方法和手法，而文化則是創意的背景和元素。我們沒有用文化創意產業來泛指創意經濟或創意產業的基礎就在於此。

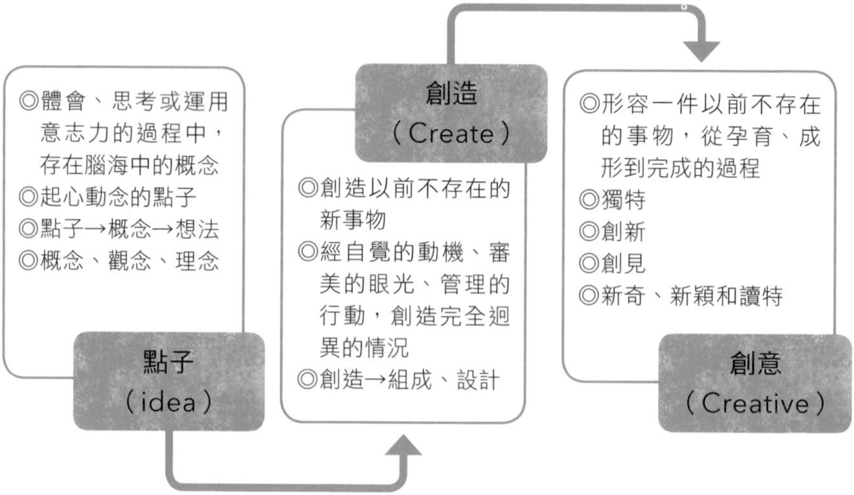
◎體會、思考或運用意志力的過程中，存在腦海中的概念
◎起心動念的點子
◎點子→概念→想法
◎概念、觀念、理念
點子（idea）
創造（Create）
◎創造以前不存在的新事物
◎經自覺的動機、審美的眼光、管理的行動，創造完全迥異的情況
◎創造→組成、設計
◎形容一件以前不存在的事物，從孕育、成形到完成的過程
◎獨特
◎創新
◎創見
◎新奇、新穎和讀特
創意（Creative）

圖 2.4　創意的價值形成過程

至於創意所創造的有形或無形價值的高低及有無，則以圖二・五的三個層次來分別，從品質和功能的新奇、新穎和獨特性，到加入設計、技藝、工藝的創新，到第三層次的品味和美感的體會，也就是從有法之法的意在形內，到無法之法的得意忘形境界。具體的詮釋我們將在第三、第四和第六樂章中說明。

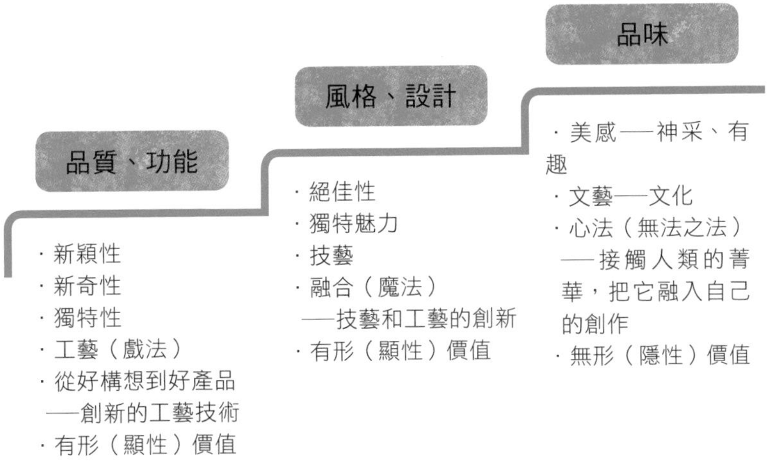

圖 2.5　創意價值的三個層次

◎從創意到創異——標異立新，把不一樣變成新價值

創意的精髓就在於「標異立新」，它與「標新立異」最大的不同在於，創異是經由嶄新的想法和不一樣的文藝、工藝和技藝活動，創造出截然不同的新價值，見圖二・六。

世界知名的瑞士洛桑國際管理學院（International Institute for Management Development）和世界經濟論壇（World Economic Forum），不約而同地宣導一個新命題：改善世界狀況——重新思考、重新設計、重新建設，具體的方向就是以創意創造人類社會新價值。

世界創意大師詹姆斯・韋伯・揚（James Webb Young）說，創意動能和創新執行力也是有規律可循的，產生創新執行力就是要把事物原來的許多舊要素，做出新的組合。重組的創意經常受到外在因素的影響，如畢卡索的畫〈亞維農的少女〉，就是去參觀人種博物館後，引發畫風改變。美國雕刻家卡爾德（Alexander Calder）的雕塑風格從寫實走向抽象，是去參觀一個雕塑工作室後，變成印象派。美國畫家波洛克（Jackson Pollock）不用畫筆改用潑墨，則是在紐約看到一個墨西哥畫家的作品後，產生潑墨創作的靈感。

◎從創異到創藝——創意和文藝、工藝和技藝的親密關係

波斯的地毯、印度的手工紡織、中國的陶瓷、蒙古的歌謠、夏威夷的音樂，都是文化的載具，它骨子裡流動的就是那個民族或族群的文化血液。

談到創意經濟，要談創意，也要談文藝、工藝和技藝，因為這些是創意經濟的根和精髓，在藝術、設計、媒體、數位和許多產業上，開出令人驚豔的花朵和感動的故事。

工藝和技藝對於落實創意與經濟的融合，具有非常重要的指標作用。創意產業是智慧、經濟、文化和科技相互融合的產物，而科技也是工藝和技藝翻新的源頭。這個說法闡明了創意、創見、創作、創造、創新和創異及創藝的內在聯繫。那

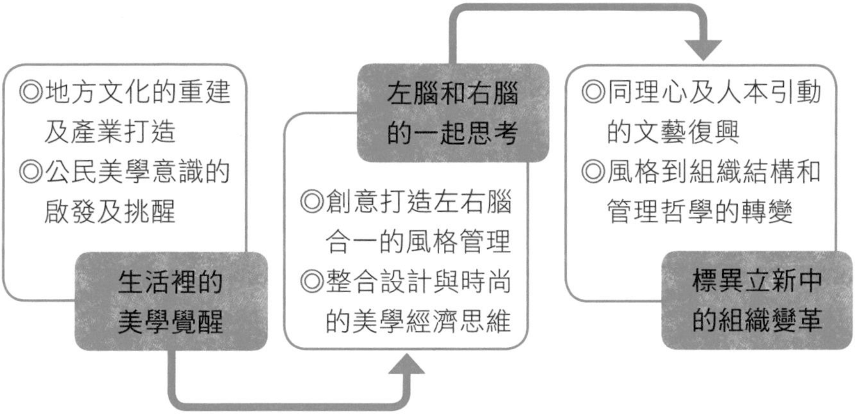
◎地方文化的重建及產業打造
◎公民美學意識的啟發及挑醒
生活裡的美學覺醒
左腦和右腦的一起思考
◎創意打造左右腦合一的風格管理
◎整合設計與時尚的美學經濟思維
◎同理心及人本引動的文藝復興
◎風格到組織結構和管理哲學的轉變
標異立新中的組織變革

圖 2.6　從創意到創益，從生活美學到組織變革

麼，在實務運用中，我們可以看到哪些創意經由創藝的文藝、工藝和技藝，而展現出豐富多元的價值呢？

◎文藝案例——思維翻新，靠慢城打進快世界

一、**文化創意**：舉辦各種國際競賽，提升城市文化交流和經濟發展，營造城市年輕活力的形象，用以吸引人才和投資，都是主政者必要的思維。台北市的慢跑運動已經在世界上小有名氣，南京市椏溪也以中國第一個「慢城」創造亮點，是另一個成功的創意。對今日大多數人來說，在這個強調速度和效率的社會，「慢活」確實已經成為奢侈時尚。二〇一〇年，它開始衝撞著追求現代化的「新新中國」，椏溪憑藉著對幸福的重新定義、有機耕作方式、清潔簡樸環境以及居民健康從容的生活節奏，獲世界慢城組織正式認可，成為中國第一個國際慢城。「慢」這個文化思維，創造出一種截然不同的生活創意型態。

二、**思維創新**：慢的加快，快的變慢，平面的成為立體這些想法的改變，可以使得新的解決方案油然而生。在擔任上海都市創新發展顧問期間，建議在內環、中環高架道路上，全面架設第二層高架。地面交通網絡擔任分流任務，中間層和頂層分別設計成六線的單行

道。在各個進口和出口附近的公共綠地，甚至各級學校操場廣設充電式停車場，高架道路則和地下各層停車場直接相連。如此創新想法，可使得都市交通動脈更為順暢。

三、概念創新：我們可以把簡單的物品，賦予新的定義、新的視覺和味覺等等，這樣就能讓原本的物品重獲新生，提供嶄新的價值給你的目標客群。在擔任首席創意經營顧問的速食食品公司裡，採用了「概念創新」這個金礦挖掘工具，使原本缺乏競爭力的速食麵、速食粥、速食米飯、速食補品，搖身一變，成了青年時尚市場的寵兒。創意的起心動念，引發可永續執行的創造力和創新力，在天貓商城裡一年就創造了高達十幾億的營業額。

四、主題創意：汽車工業的設計者，總在外觀、安全、科技、便利、競爭力上考慮創新的使用。有些品牌注重文化，另外一些強調安全，還有些主推物美價廉，這些主題都必須具有足夠的創新吸引力。膠囊式咖啡機是近年來出現的新型咖啡機，它的最大特點是不磨豆、不使用咖啡粉沖泡，而是使用專門的咖啡膠囊。膠囊式咖啡機的充氮保鮮膠囊，因其獨到的簡便，省卻了全自動咖啡機的專業磨豆手藝，這種創意燃點就成了極為有力的市場訴求。

◎工藝案例——形象翻新，三星手機亮點多

一、**破界創新**：在設計產品時，可透過先破壞既有習慣後再創新、再組合。當大家欣賞到浙江衛視轟動一時的《中國好聲音》節目時，我們要了解這個節目的原創來自於荷蘭。荷蘭節目設計者致力於不落窠臼的舞台設計、節目安排的高潮起伏、燈光效果的布置、賺人熱淚的情節，甚至演唱前的採訪錄影，都安排得絲絲入扣。原創節目的結構改變，創造出嶄新的創意，又可以在全世界賣出版權，將舊有的歌唱比賽和煽情的肥皂劇情打破邊界重組，再次創造出亮麗的成功。

二、**減法創意**：加減乘除開根號，都可以塑造新的價值。在東北的石材工廠裡，工人正使用新的雷射設備，將原來普遍切割成二．五公分厚的大理石、花崗石，切割成現在的〇．五公分厚，然後在極薄的石材背面加工，貼上抗壓、隔熱、耐凍、防潮等新功能的塗層。新式石材厚度只剩五分之一，減少浪費、增加利用率、節省了運輸等成本，更增加了實用性，這些好處都是源於「減法創意」。想辦法將周邊的事物或產品，用減法創意重新思考，就可以創造出許多新價值。

三、**形狀創新**：袋裝餅乾的設計者利用創意，把原來的食品形狀加以分割、扭曲、從平面到

立體，反覆變化；義大利麵的形狀，百年來也是千變萬化，有長的、有空心的、有扁的、有圓的，多樣繽紛。在擔任上海電視台《創意天下》節目主持人時，有幾次去採訪重慶「譚木匠」的木梳子工廠。短短七年裡，他們經由將中華文化經典圖案及色彩刻製在木梳上，滿足了世界各地消費者的文化需求。靠著這些創意應用，譚木匠一年的營業額已經超過七億人民幣。形狀創新可以普遍應用在所有產品上。

四、眼球創意：為了更加吸引眾人眼球，可以變動造型、顏色，創造新話題，使用美學工藝創造出色外觀。韓國三星的手機和其他家用電器產品，在短時間內異軍突起，就是因為會長李健熙能夠善用眼球創意的深層價值，運用大量外觀上的新設計，贏得消費者關注，就能取得最高市場占有率。絕大部分的成功戲劇、電影、都市景觀、美術雕塑、新穎產品，其文化創意概念的表達，都屬於眼球創意的實證範疇。

◎技藝案例——混搭美學，把美感從畫蔓延到整個畫展

一、**設計創意**：服裝設計師基本上就是在玩這種遊戲：去掉一點、增加一點、改變一點，改變顏色、改變形狀、改變大小。世界知名的快速時尚（Fast Fashion）模式領導品牌ZARA，就是如此創造出以西班牙為基地的世界品牌。ZARA有近四百名設計師，這些設計師都是典型的空中飛人，經常搭著飛機，穿梭於各地時裝發表會、出入各種時尚場所。別家頂級品牌的最新設計剛上櫃，ZARA的設計師就會迅速記錄傳回總部，總部設計師就會馬上設計出非常相似的時裝，七天後新品就可運到世界各地門市了。這樣的創新設計方式，確實讓ZARA緊跟時尚潮流。

二、**美學創意**：音樂的感情創作是有跡可循的，降低調子就能流露沉穩平靜，提高調子就能顯現高昂興奮。創意就是應用恰當的節拍，創造受眾的感受。除了每年的油畫創作外，在每次世界各地畫展的形式上，也做出了獨創的表現。在以油菜花為主題的畫展現場，用六千多盆高達一公尺的鮮活油菜花布置全場，讓觀畫者一面欣賞油畫創作，一面身臨其境，感受金黃油菜花的燦爛和激情。而在銀白丹頂鶴畫展時，則安排六隻丹頂鶴在展場中心翩翩起舞，藉由創意創造新意義。美學創意不只展現在油畫作品本身，更要提供

人們全面的美感體驗。

三、混搭創意：引起驚嘆的事物，常常都是「你泥中有我，我泥中有你」，像是把幾個元素或者它們的替代品混合在一起，再用另一種形式表現出來。就像建築界的流派演進，在我們分辨某個建築流派的創意核心時，就有機會看到另外一些流派的理論表現其中。當代最引人注意的建築設計中都存在著「混搭」，如貝聿銘的羅浮宮玻璃金字塔、蘇州博物館，王澍的寧波博物館，雖然他們兩位是華人圈中贏得世界頂級普立茲克建築獎（Pritzker Architecture Prize）的知名建築師，但是當你細細觀察他們的建築作品，都可以深刻了解建築師們從傳統建築繼承、變革到理念創新的發展路徑。

四、造型創意：美容師、美髮師、化妝師，都是在改變既有的造型，創造新的觀感、新的價值。工業產品設計師們也試圖從改變造型開始，給予產品新形象和新風貌。更多的食品開發業者更是如此創造新價值，例如將海藻萃取物凝固後，塑造成各種形狀的果凍布丁，就成為五花八門受歡迎的新食品了。

五、逆向創新：製作視聽廣告時，可以把音樂和圖畫結合、文字和音樂結合，或是只要圖畫，沒有聲音。德國很有創意的電視廣告，居然是在瞬間只有聲音沒有畫面，讓觀眾突然特別關注，起了最大的廣告效果。廣告、影視、文案、印刷界是最常使用逆向創新的行業。

正當反腐治貪之戰打得七零八落時，耀金台茶酒逆勢上揚，正是因為使用了逆向創新的思維去衝擊舊市場。

六、整合創意：把以上舉例說明的各種創意思維、創造力、創新力任意整合，可以得到一加一大於二的神奇效果。試試看，勇敢地打開思維的窄門，培訓自己的無限創造與創新能力，將可以創造出最偉大的夢想。

具有創意思維、創造力、創新力的人，都擁有不受限制的好奇心，善於打破慣性思維，從完全不同的介面思考觀察同一個問題。我們使用了一些案例解釋創意的運用，在那些案例中，我們還可以看見創意成功者必須具有堅不可摧的信心、雄心萬里的壯志、樂觀開朗的性格、崇尚冒險的精神、與人為善的幽默感。他們還必須具備忍耐孤獨的韌性、見微知著的洞察力、獨特的判斷決策力，不畏艱難險阻，把每一個困難都當作下一次成功的契機，能夠感悟「吃苦當吃補」的哲學意義。

從虛實、中外到古今

「感謝我在台灣的家人、大陸的朋友，和在香港的夥伴。」

李安憑電影《臥虎藏龍》獲得二〇〇七年奧斯卡最佳電影導演，在頒獎典禮上如此表示。《少年ＰＩ的奇幻漂流》，二〇一三年讓李安再度獲得奧斯卡最佳導演的殊榮，這向華文創意產業顯示了什麼非凡的意義呢？

我們在這一節要講的是創意的虛實、中外和古今。世間任何事物都是隨著時間和空間變動的動態游移。**虛實，講的是創意的空間跨越，闡述思維的意境和感情的情境轉換和昇華。中外，講的是創意的地域跨界，指出全球化多元性的文化實境。古今，講的是創意的時間跨境，強調某些元素古之今用的翻新。**

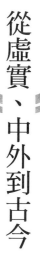

◎創意的空間跨越——李安與蘇東坡

蘇東坡是中國文學史上少有的詩、文、詞、畫兼長的大家。他在文學上的不凡成就，源於他創新革新的精神，以及勇於突破傳統的格局。以詞為例，正如北京大學中文系教授周先慎所說，他使詞從音律的束縛中解放出來，成為一種便於抒情寫志的新體裁。〈江城子〉善用夢境的虛實，寫死別之痛和相思之苦；〈水龍吟〉則巧妙地運用情境的轉換，把花和人融合在一起，把花和春色具象化、數量化，且借古又喻今，寫花又寫人；〈念奴嬌．赤壁懷古〉更是借景抒情，把詞的豪放、音律、動感發揮得淋漓盡致。

李安的電影成就和蘇東坡在詩詞畫上運用的創意手法和技巧，有著異曲同工之妙。《臥虎藏龍》被喻為中國武俠之史詩，穿透現代電影，藏在劍中的是一連串武俠世界中的哲學思維和人情糾葛。武藝高超的一代英俠李慕白決心退隱江湖，於是託付紅顏知己俞秀蓮將自己的青冥劍帶到京城，送給貝勒爺收藏。不料當天夜裡……故事由此而起，經由楊紫瓊、周潤發、章子怡這些華人演員的精彩演繹，產生意在言外的最佳詮釋，武術的精義和生活哲學也有了明確的註解。再經過馬友友、譚盾的音樂合鳴，讓中國絲竹在與西方大提琴的對話中，充分彰顯抑揚頓挫、高低起伏的特色。這就是李安跨越空間的創意表現。

李安的成就來自於豐富的文化底蘊，正是我們可以悠遊在虛幻世界中，又能啟動奇思異想的無形資產，也就是前面所稱的「虛實」。下一個要強調的就是「中外」——創意的地域跨界，也就是在全球化多元性的文化實境中，我們應該何去何從？

◎創意的地域跨界——和主流文化一起綻放的在地文化

在今日全球多元的生活實境裡，象徵美國通俗文化的麥當勞在全球橫行，連一向標榜文化自我（cultural self）的法國人也忍不住租看好萊塢的電影，泰國女生爭相模仿流行巨星瑪丹娜，全球化經濟發展導致顛覆本土文化的現象，我們都已經司空見慣，見怪不怪。

另一方面，我們將視角轉向法國、西班牙、韓國、印度。法國每年要花三十億美元用於文化事業，雇用一萬兩千名文化官員，維護和增進獨特的法國文化景觀。西班牙、韓國、巴西和印度各國紛紛跟進，要求本國的電影必須反映足夠的本土內容。

在這兩極對立中，我們一方面非常高興地享受著世界多元文化發展的果實；另一方面又不免心生疑惑和焦慮。全球化時代下的政治和經濟，是一個無可避免的弱肉強食社會，世界各地真實、傳統和本土的文化，是否會像英國學者坦斯拖爾（Jeremy Tunstall）所擔心的那樣，再無立錐之地？

美國哈佛大學經濟學教授考恩（Tyler Cowen）在《創造性破壞》（*Creative Destruction*）一書中，引用了古今中外許多藝術和文化蛻變，甚至「創造性破壞」的歷程，向世人展示「創造性破壞」帶來的不是藝術和文化之死，而是豐富多彩的多樣性，可以在文化和藝術菜單中的選項（menu of choice）帶來更多備案（alternatives）。

有空不妨欣賞一下英國BBC出品的紀錄片《藝術創世紀》（*How Art Made The World*），你就能夠明瞭古希臘、中國和印度文明的輝煌其實都是跨越地域、文明交會的成果，而中世紀文藝復興的興起，就是考恩稱之的「再全球化」（reglobalization）過程。當時的西方不斷增進與中國人及伊斯蘭世界的接觸，航道變得更多元，觀念的散布更活躍，許多自羅馬時代之後便沉寂下來的陸上貿易路線，又被重建起來。

文化的「公平競爭」，就像在全球化經濟的世界裡一樣，是難以實現的神話。但我們也應該正視另外一個事實，創意本來就是跨界的綜合體，今天，第三世界的許多藝術，也在不平等的全球經濟背景下迅速發展。考恩指出，合作多樣性（co-operative diversity）的精義在於，文化的同質化與異質化不是備案或替代的關係，它們會一起出現。儘管跨文化的交流會改變和破壞每一個它所接觸的社會，但也會同時鼓勵創新與創造力。

◎當李安遇上王家衛

影評人梁礸從「道一二三的四種武學境界」，來評王家衛導演的《一代宗師》。

王家衛在這部耗了十二年的大戲，似乎有意玩弄文字遊戲。宮若梅在家中排行老二，稱二有所理；民國初年，習武之人，以三為謙，馬三稱三亦有其理。但一線天以李書文、劉雲樵為原形，大可像原形為宮寶田的宮羽田來個化名，但他卻硬是要湊個數，以符合中國歷來「道、一、二、三」的數字形上學觀，所以，葉問得道，成了一代宗師；一線天為一，離道一線之隔；宮二的世界二分恩仇成不了道，只能緣見天地；馬三則三多於雜，只見得著自己。

問題是，觀眾看戲的主軸畢竟還是故事，掉了那麼多的書袋，給了那麼多的證據，來說明故事的合理性，未免太過消耗觀眾的情趣！

王家衛導演在影壇上，的確也是宗師級的大人物。他導演的《阿飛正傳》、《重慶森林》、《東邪西毒》、《春光乍現》、《花樣年華》、《二〇四六》……等，都是許多影評心目中的經典，一些影評坦承身為王家衛導演的影迷，向來也不求真正看懂他的電影，畢竟他的隱喻是如此深奧，每次重看都能體會出不同的內涵。

另一方面，李安導演說故事的題材像《臥虎藏龍》，也是來自中國武俠小說，但他敘事的方法則簡單明瞭得多。因為陳述簡明，所以一句「竹子是有感情的，它在等風吹」，就更為動人，也受人傳頌。

《說故事的力量》（*The Story Factor*）一書的作者西蒙斯（Annette Simmons）說，當你打算向觀眾傳遞一個重要觀點時，你必須看見它、感覺到它、聞到它、聽到它，進入自己所講故事的情境裡。李安就擁有這種非凡的說故事功力，他的電影也因此能夠穿透東西文化的藩離。在中華文化裡翻箱倒櫃，能讓我們找到許多創作的養分，但如果用大多數人很難進入的情境去說故事，中華文化就不容易成為全球創意經濟的主流。

◎創意的時間跨境——誰說老書沒有新市場？

創意人必然擁有生生不息的創意，但是，站在創意經濟的立場，我們要強調的是，創意人應該要有什麼樣的創意思維呢？

大家都讀過許多經典名著，那些受大眾歡迎的作家如笛福、大仲馬、狄更斯……，他們優秀的作品都曾經洛陽紙貴，民初時代的魯迅、老舍、梁實秋、林語堂也曾經一書難求。英國作家伯格斯（Anthony Burgess）說：「有創造力的作家應該像莎士比亞一樣，寫那些受大眾歡迎，又不僅僅受大眾歡迎的作品。」

丹・布朗（Dan Brown）寫了一本《達文西密碼》（*The Da Vinci Code*），結果一夜致富；于丹寫了本《于丹論語心得》也狂賣四百萬本；今日世界固然如大陸學者王志毅所言，正以令人驚訝的速度製造出各種明星和泡沫，使得文化和藝術等創意工作者處於困境。但是，我們對於創意人的未來要抱持著樂觀的態度，關鍵在於，**創意人要更有智商了解自己，也要更有情商了解他的群眾**。

于丹用鮮活的情境與話語，讓孔子與學生子貢、子路、顏回等的各言爾志，與我們現代每個人的心理、思考和與態度相連結，讓《論語》瞬間充滿鮮活新意，誰說老故事沒有新講法呢？張曼娟的《柔軟的神殿》，經由種種重新詮釋，讓古代神話跳出傳統框框：《聊齋志異》裡的一篇〈馬介甫〉，其實是精彩的現代心理小說；莊子講述的「渾沌」寓言，也可以做為現代愛情的註釋。她重新爬梳古代的神怪志異，改寫漢代軼事小說、六朝志人與志怪，為唐傳奇與清代聊齋小說注入現代精神，成為現代讀者了解人生和愛情的教材。

從《張曼娟藏詩卷》、《人生好時節》一直到《柔軟的神殿》，張曼娟一直將重寫古典文學視為創作的另一條路。詩詞、神怪志異與中國古典小說，包括《封神榜》、《西遊記》、《鏡花緣》等，都是她創新寫作的素材。

于丹和張曼娟都是大學的中文教授，她們這種從古籍中發現新意的創新思維和做法，是現代創意的最佳典範，也讓某些古之今用的元素締造了前所未有的價值。

◎創意的虛實跨際——得意而忘形

「青天有月來幾時？我今停杯一問之。人攀明月不可得，月行卻與人相隨。皎如飛鏡臨丹闕，綠煙滅盡清輝發。但見宵從海上來，寧知曉向雲間沒。」

——李白〈把酒問月〉

接下來請你欣賞德化陶瓷的一項白瓷雕塑，見圖二．七。這項傑作源於唐朝詩人李白「莫使金樽空對月」的意境，將李白醉酒的豪放意象和暢然情境，經由線條的伸展和開放，表現得一覽無遺。它的不凡，是將傳統技藝的精

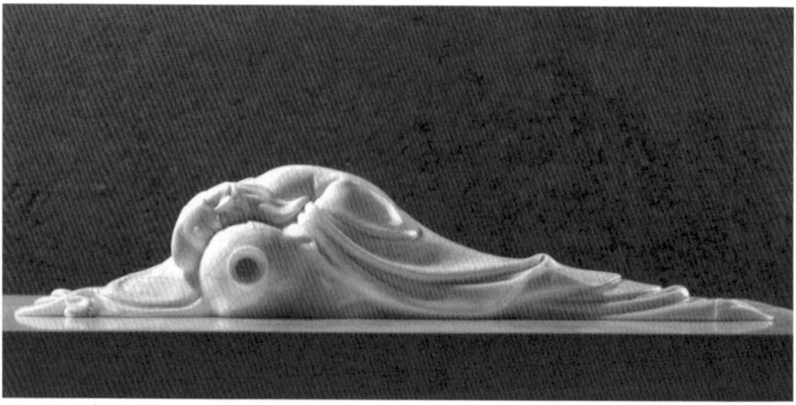

圖 2.7　「莫使金樽空對月」陶瓷作品

華和現代設計的理念做了完全的統一，正如多寶堂資深策劃人曾建霖和資深設計師徐思敏所說：「融變，是技藝和時代審美的美妙邂逅，也是創造藝術的主流價值。」

創意的精妙之一就如蘇東坡在詩詞中所展現的「如虛似實，如實似虛」。福建省創意金獎得主曾童明有三件同一雕花主題的茶器，正好說明了這種歷程。他用創意和技藝的經驗積累，來詮釋作品變化的成熟度和神韻。第一個階段，有心有意，細心而為；第二個階段，有心有膽，創新滋生；第三個階段，隨心隨意，得意忘形。得意忘形是創意跨越虛實的最高境界，值得大家仔細體會。

第三樂章

翻轉價值

當畢卡索遇上比爾蓋茲

Revising Value

解崙、黃丙喜高低音雙簧管合奏

從無約、有約到合約

「創意的定義是將點子和概念生成產品（如戲劇、社會問題的解決、詩歌、能源、交響樂等）的能力。這些產品既具新穎性，也被他人所推崇（有用的、極具美感的、有教育意義的等等）。」

——美國心理學家萊希（Benjamin B. Lahey）

政治大學ＩＭＢＡ學程教授何小台，最近說了一個關於天使網絡發生的故事：一位年輕人胸懷大志，想去實現環遊世界歷史古蹟的夢想。他在國際網站上貼出這個計畫，希望募集每人五十塊美元的資金，並以將來出版的遊記做為回饋。這項夢想計畫得到很多人的熱情迴響，不過，有個問題也因此產生：誰來做這筆交易仲介和仲裁的第三者，確保買賣雙方的權利義務呢？

「對文化界的某些人而言，藝術和營利事業基本上是兩個不相容的本體。有些人更具有意識型態的立場，認為產業界基本上都是反民主的，他們唯一的目的就是對社會的智慧生命遂行巧取豪奪之能事。」丹麥二〇〇〇年創意與聯盟報告的這段話，明確地指出了這種藝術和商業、創意和經濟的鴻溝。

「藝文界創造的價值若無法交換，只是獨樂樂而已。」國家文化藝術基金會董事長施振榮在二〇一三年「藝文社會企業發展論壇」指出，「我要替商平反。交換（trade）就是商，但藝文界提到商就說是銅臭味；藝文界唯有建立能營利的模式回饋社會，所有共創價值者才能交流。」

施振榮主張用王道精神及社會企業為已「價值半盲」的人類文明「除蟲」（debug）。他指出，人類社會發展至今，不論資本主義或民主政治，都著重有形資產、短期選票、直接效果，造成價值半盲的困境。

◎經紀人與創作者的關係──分走總售價的三三%到五〇%？

現代普普藝術大師安迪．沃荷（Andy Worhol）說：「藝術是生動的生意。」但是，全球創意界共同面臨的難題是：經紀人會分走總售價的三三%到五〇%，這到底合不合理？公不公平？而當雙方都不滿意又不願退讓時，如何取得兩全其美之計？我們再來看看另一個數字，也許你對經紀人的作為就會多一些諒解。

全球的畫廊生態是，七五%當代畫廊在五年內會遭逢倒閉的命運，而畫廊經營成功的關鍵在於是否進行多樣的展覽宣傳，不是取決於經紀人發掘創作者的試誤過程。經紀人與創作者的合作關係，其實就像伯樂與千里馬一般，畢卡索、安迪・沃荷、張大千、趙無極等人能在生前就功成名就，藝術經紀人實在功不可沒。

◎創意經濟的失衡困境

創作者和經紀人在產業價值鏈中存在著不同的看法和立場，其來有自。請你仔細觀察圖三・一，看出甚麼端倪了嗎？沒錯，就是不對稱性和不確定性這種先天的結構差異，加上創作者和經紀人不同的個性，這種差距就會更為擴大，必須靠永恆不斷的溝通和體諒才能弭平。

如何從經濟學中找到創意產業的經營模式和市場機制，是創意人非常重要的功課。在當前全球化經濟的時代，藝術市場面臨了藝術家公開演出比率嚴重失衡的困境，加上成本結構的難題越來越大，藝術的價值要如何被充分又及時地感知到，在這個漸趨競爭的創意經濟市場出人頭地，的確越來越不容易。

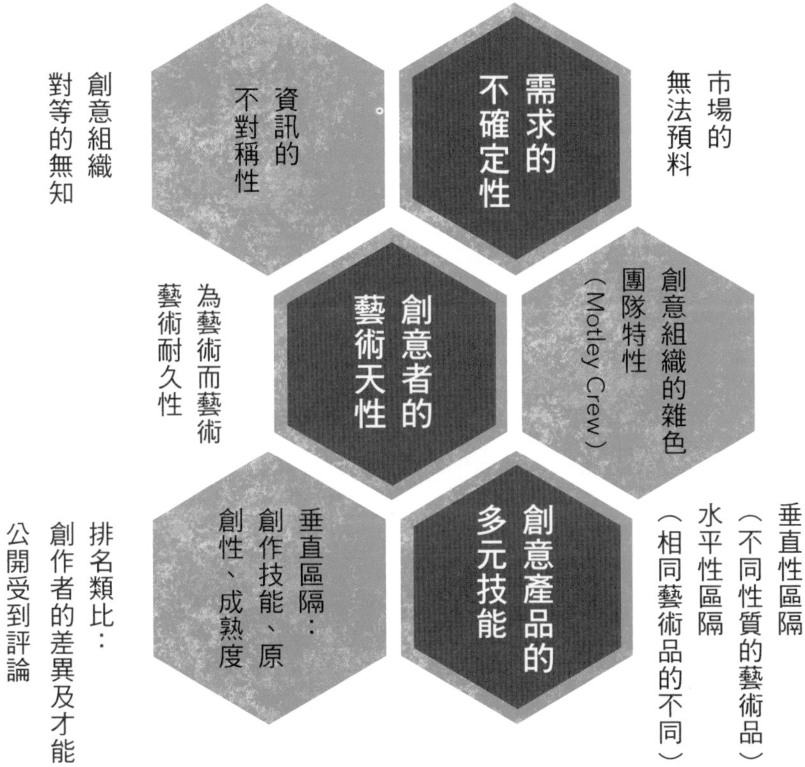

根據哈佛大學教授考夫的觀點，創意的價值是在無限的創意及無盡的不確定、不對稱和不一樣的因素間，相互擺盪出來的市場價值。

3.1　創意活動的基本經濟特性

哈佛大學教授考夫在《文化創意產業》一書中說，懂得文化藝術的人，對於經濟學、會計、財務有著莫名的拒斥；懂得經濟理論的人，則難以理解為何文化藝術無法用簡單的公式與數字來衡量。任何一項創意產品的完美呈現，除了創作者的投入，還有賴守門人及相關事務工作者的共同參與，因而構成龐大複雜的創意產業組織與市場模式，並躍升為關鍵的文化課題。

我們放眼文化創意產業的結構，各種視覺創作、電影、表演藝術、唱片、書籍出版的經營模式和市場機制，皆需透過經濟學的契約論（contract theory）、選擇權（option）架構、契約管理、成本難題等關鍵合約行為的介入，藝術與商業才能成功地結合。

對於藝文團體來說，「政府的錢越來越少，要靠政府靠不住」的想法，恐怕各國皆然，因此**必須改變思維，帶進企業經營精神，用「投資」取代「補助」，將藝文當成企業，至少是社會企業經營，今後藝文創意產業才能立足商界，走向國際。**

那麼，要如何踏出第一步呢？白鷺鷥文教基金會董事長陳郁秀說，藝術家要改變不屑與銅臭為伍的觀念，勇敢讓藝術的價值跟社會經濟緊密結合，擴大藝術和商業的合作，而非孤芳自賞。國外的藝文表演已成為社交場所，甚至是工作的空間，歌劇演出上、下半場間的休息時間會拉長，以供企業家談合作。國內觀／聽眾的觀念也要隨之調整。

當「利潤」跟「價值」衝突時，社會企業該怎麼辦？政治大學校長吳思華認為，如何評量藝文團體的社會價值，將是下一個挑戰。他說，一般企業有財務報表，藝文團體做為社會企業的一環，是不是該有「價值報表」，告訴他人正在推動什麼價值，並有哪些成果？才不枉有這麼多人幫忙、滾動那麼多資金。而社會價值是什麼呢？它包括了經濟價值和文化價值，兩者都很重要，不能夠偏廢。

◎與商業力量結合，創意才會加乘

「經濟學與文化就像南半球和北半球，它們是人類社會裡最關心的兩件事，但長久以來卻像井水不犯河水般，存在於人類社會。」

——澳洲學者索羅斯比（David Throsby）

藝術和商業互動的障礙到底在哪裡呢？答案是缺乏互動的傳統、缺乏專業的技術和技巧、沒有共同的語言，以及缺乏對於彼此的認識。但是，可喜的現象出現了，根據丹麥文化貿易產業部二〇〇三年的報告，促進藝術和商業進一步互動的驅力已經形成，見圖三．二。

文化經濟學者康納（Steve Conner）表示，價值是無可避免的目標和導向，不僅因為文化創意本來就應該著眼於價值本身，也包括估計、歸因修正、確認甚至否定價值的過程。總之，創意價值的評價過程無論何時何地，都有值得我們重視的必要性。

文化力量的有效展現，要搭載在經濟的平台上，這樣文化力量的延展性才會更為強大和源遠流長。所有創意發想人或創意產業發起者，都必須用心涉獵所有相關的經濟常識和知識。越是了解經濟範疇的經營管理、市場需求理論、新產品設計原理原則、歷史地理傳承精萃，甚至金融財務的基本要務，創意的核心價值就能現實落地，而不只是天上飛翔的浮雲。感性和理性必須做適當的融合。

創意就是無中生有，根據創作者、使用者、提供者共生的創意需求，經過創作者的創造執行，順利嫁接到經濟的實用範疇裡。在文化經濟

影響因素	造　成	導　致
◎全球化的激烈競爭 ◎被解放的個體 ◎體驗經濟 ◎對藝術文化消費的增加 ◎文化是全球性成長的產業	◎新的和產品材質無關的競爭參數 ◎對自我認同感的尋求 ◎對嶄新創意能力的需求 ◎對文化產品需求的增加 ◎必須和國際娛樂巨擘競爭	◎文化持續的商業化 ◎新的文化和體驗產業的出現 ◎必須啟動創意潛能和新的創意聯盟 ◎需要一個針對文化產業的商業政策

圖 3.2　促進藝術和商業進一步互動的驅力

的表現上，處處能看到創意的亮點，在《阿凡達》、《獅子王》、《大話西遊》等熱門電影、網路遊戲、卡通等內容為王的時代裡，無論是傳統媒體、線上遊戲平台，還是數位動漫等新興產業，所有能夠受到追捧並持續流行的基礎，就是文化創意。每種成功內容都是根植在某種獲得認同的文化背景裡，豐富的創造能力可以讓文化產品在激烈競爭中脫穎而出。

激發商業經濟的原始動能是差異化、個性化和價值化，但現在產品的時代已經過去，創意的時代已經來臨，創意必須結合現實市場的遊戲規則，創造出新經濟的核心動力，所以如何理解和操作「創意價值」，就成了一個新鮮的命題。

例如，譜寫一首叫好又叫座的樂曲或感動人心的歌詞，必須具備專業的音樂素養訓練、嶄新的創意思維、可靠的商業計算和現實可行的行銷策略。文化創意和商業運作價值碰撞之後，最好的預期結果，應該是提升了人們對生活的幸福嚮往，也讓原創人、投資團隊和執行工作者，共同享用創意價值。

◎價值案例——博物館的創意新起點

在地球是平的全球化時代，博物館成為創意經濟的新起點。從美國西雅圖到西班牙畢爾包，新一代博物館已成為全球化時代的創新實驗室。美國西雅圖的搖滾樂體驗館，是微軟創辦人保羅．艾倫（Paul Allen），為了紀念西雅圖吉他之神亨德理克斯（Jimi Hendrix）所設計的，他對這座音樂館只有一個要求，就是要「酷」！

美國西雅圖的搖滾樂體驗館為了滿足「酷」，建築師和設計師在館內設計了一個二十六公尺高的音樂教堂，裡面有四層樓高的彩色LED螢幕，螢幕上的畫面會隨著音樂節奏強弱、聲音大小而改變顏色、形狀，讓人們「看見」音樂。更令人驚奇的是，參觀者還可以在音樂裡「飛行」。設計師把多媒體效果和飛行模擬器結合，用所有的感官科技，讓人重新體會經典音樂的新表現手法。

西班牙的畢爾包博物館建築所呈現的新舊碰撞，也吸引了一百四十萬名觀光客，成為全球觀光旅遊地圖上的新亮點。它打破「建築一定是方型」的概念，要求整座建築物內部不能有任何的樑柱，卻又要像巴黎聖母院一樣寬廣。整座建築由超過五萬個零件組成，設計師蓋瑞（Gary）結合高科技和復古的人文素材，內部挑高大廳設計和採光方式，繼承西班牙大教堂的設計；門口的高塔，紀念當地原有的採石和鋼鐵工業，把整座博物館表面用鈦金屬覆蓋，隨著日照反射不同的光澤，表現出十足的科技感。

像這樣的新創意也在老博物館發生，台北的故宮和國家歷史博物館就正在上演一幕幕創新演變的故事。

台北故宮博物院前院長林曼麗說，不只畢爾包，現在許多第一流的博物館，都正在追求傳統和創新的衝擊，刺激古老經典和當代流行直接碰撞。她說：「我們要回到文化，才能找到新的生命力，而古跟新是一樣的事，今天的經典，其實就是昨天的前衛！」

科技也正在影響故宮和文物的關係。過去十幾年間，故宮請來了大批的律師、電腦工程師，和原有的文物專家合作數位典藏計畫，把故宮六十五萬件的館藏，一點一點慢慢地移到網路上，過去一些狀況太差、不適合展覽的文物，現在居然可以在網路上看到！

故宮數位典藏計畫實施後，全球的大公司都希望跟故宮合作，新力（Sony）的前社長安藤國威親自拜訪故宮、ＩＢＭ代表也經常拜訪故宮「尋寶」。現在博物館的無價寶藏，許多是千年之間文化互相融合，所創造出的想法。林曼麗說：「博物館的任務，是促進不同文明的相互對話。在全球化時代，博物館不只是見證過去的終點，也將是創造新想法的起點。」

◎從無約到有約：創意人的自我保護

藝術和商業有沒有「第三條道路」，可以融合彼此的利益和觀點呢？丹麥創意產業成功發展的經驗為大家提供一條新的思路。它向大家丟出兩個假設：一、如果藝術創作者和商業經營者之間，有一個融合的選擇；二、如果兩者之間有一個兼顧的能力；那麼個人的短期和長期利益，以及社會的經濟和文化價值之間，必然就能找到兩全其美的出路。

當然，如果創意要加入商業的範疇，也要遵照商業的規則走，其中最重要的自然就是協議或合約。**契約理論和選擇權架構是創意人有必要了解的商業性知識。契約用以保障自己和他人的權益義務，選擇權則替自己的創意保留更多權益報酬的未來空間。**

靈光一現的創意在展示給他人時，往往沒有任何約定。當一位創意人或創作者有了廣泛的法律知識，知道如何自我保護時，就應該在發想所有的創意之初，立下字據，做基本的自我保障。當然在原創價值已被確定時，一個全面的合約就應該經過法定律師，做出完整的陳述。

以下就是一個創意保護協議書的範例。

創意專利〇〇〇保護協議書草案

甲方：〇〇〇（創意人）

乙方：〇〇〇（對本創意有興趣者）

為方便潛在投資人乙方對甲方研發之創意專利相關資料做出評估，潛在投資人乙方需要知悉甲方有關創意專利〇〇〇之機密資料，雙方同意簽訂本保護協議。潛在投資人乙方對甲方提供的所有機密資料做出下列承諾：

一、本協議所提及之機密資料，是指由甲方提供乙方未來投資參考之相關資料，該資料不論以何種形式表達或附著於何種媒介之上，均不得外洩。

（一）書面資料（含電子資料）：甲方於資料上註明「機密資料」、「機密」、「限閱」或類似文字者。

（二）口頭資料：甲方告知乙方時說明其為創意機密資料，或於告知乙方後二十日內以書面再通知乙方該資料為機密者。

二、乙方應依據本協議使用所提供資料，並保護其機密性。乙方應以謹慎保護機密資料之方式，保護甲方之創意機密資料。

三、本協議目的完成時，如有必要，依甲方要求，乙方須於七天內歸還所有曾提供之機密資料，包括檔案、圖片、照片、模型、樣品等。

四、若甲方與乙方進一步簽署其他合約時，除該合約另有約定外，本協議構成該新合約之一部分，乙方於該合約存續期間內及該合約終止或期滿後五年內，仍對甲方負有本協議所定之保密保護義務。

五、為評估創意機密資料之需要，乙方得將其內容告知職務上或業務上有知悉機密資料之必要職工，乙方應慎選該等職工並告知機密資料之機密性，並監督所有相關人員另外簽署並遵守本協議所有條款。本條所述職工之行為由乙方負責，乙方對其違反本協議所造成之甲方損害，負連帶保證責任。

六、甲方對本協議之簽訂，並未授權乙方使用或利用任何可能由創意機密資料所衍生之國家專利、著作權、專業技術或其他財產權。

七、本協議之訂定並未建立甲乙雙方之投資、代理、雇傭或合夥關係；同時亦不表示雙方當事人之間承諾進行之合作或交易。

八、若乙方違背本協議之約定時，除甲方依法的權利外，乙方同意賠償甲方實際損失，包括所有研究經費及機密資料之合理價值，並同意支付甲方台幣〇〇〇元做為懲罰違約金及承擔一切法律相關責任。

九、本協議受國家司法管轄，受訴地為〇〇，適用台灣法律。

十、本協議有效日期，自雙方當事人簽署本協議起，至本目的完成日或甲方提供機密資料（以最晚發生者為準）後〇年。

十一、未經甲方事先書面同意，乙方不得將本協議之權利責任義務轉讓予任何第三人。

十二、本協議之修改或變更應以書面為之。

十三、本協議一式兩份，雙方各執一份，自雙方簽字之日起生效。

立約雙方已審閱本協議全部條款內容，承諾簽字如下：

甲方：　　　　乙方：

◎藝術家和企業家相似之處——當畢卡索遇上比爾蓋茲

畢卡索一生陪伴在身邊的美女如雲，比爾．蓋茲則像極了你家隔壁那個戀家的乖伯伯，實在很難想像這兩個人如果碰在一起，會迸出什麼新的火花？

他們兩個人有兩個有趣的問題值得討論，一是，他們兩個絕對是智商很高的聰明人，那麼，智商高的人是不是就是很有創意的人？根據一群心理學家對七位極具創意的人，包括愛因斯坦和佛洛伊德的研究，發現創造力思維在某種程度上，和一般所談的智商是有區別的。偉大的創造心靈只發生在特殊的領域，在其他領域則相當平凡。

另一個問題是，具有創意思考的人到底有什麼人格特質？認知心理學家史登柏格（Robert Sternberg）和陸伯特（Todd Lubart）的研究指出，懂得創意思考的人有以下特質：勤奮工作、願意冒險，能夠忍受模糊、複雜和不確定性。而另一個心理學家羅伊（Anne Roe）的研究發現，成功的創意問題解決者，會在嘗試更多的問題解決方法之後才放棄。創業家比爾．蓋茲和藝術家畢卡索，共享了努力工作的特質，也很願意冒險和嘗試新的做法。

畢卡索在藝術表現方式上的分解、拆散與扭變，使其一生作品經歷數種風格。一九三〇年代，畢卡索因西班牙內戰受到啟發，而畫出了〈格爾尼卡〉，將他鬥牛系列裡的暴力與野蠻推至極點。

從其早期的藍色憂鬱到〈格爾尼卡〉的雄偉悲壯，說明這位一代大師，除了對二十世紀現代藝術美學具有承先啟後的貢獻，對於現實情緒的表現掌握，亦具罕見的藝術才華。

「繪畫主宰著我，它對我予取予求」，畢卡索認為失敗的實驗也好過不斷重複的完美。他的成功得力於縱橫無比的才氣、源源不斷的創意和鍥而不捨的努力。一九五四年，他對德拉克洛瓦的〈阿爾及爾的女人們〉，臨摹了十五次。然後，他又運用了馬蒂斯的手法，以明亮的色彩改造了原作，對於人物和背景用立體主義技法進行處理。一九五七年中，他花了三個月的時間，臨摹了委拉斯開支的〈宮廷的侍女們〉達四十五幅之多。他又在對於馬奈〈草地上的午餐〉用素描手法臨摹過四幅的基礎上，在一九五九年又創作一系列的素描，一九六二年又照原作創作了九十二幅素描。

比爾．蓋茲也有同樣追求完美的堅持。他的朋友布萊特曼說：「他總是集中精力做好一件事，絕不輕易放手。他的決心就是，不做則罷，要做就做好。玩撲克與研究軟體，比爾都做得很好，他可不在乎別人怎麼想。」

比爾．蓋茲每天晚上花近兩個小時查看並回覆電子郵件，還會閱讀兩個小時的書，再睡至少七個小時。他不像那些只要睡四個小時的人，如果他睡少於七個小時，智商就會降低，腦袋無法思考。你也許會認為他花在睡覺的時間比你還多，但是別忘了他經常一年休假不到一週！他為了產品和事業創新的拼勁，值得大家深思。

從低價、有價到無價

「創意與商業之間是如何結合，並創造出非比尋常的價值和財富，是創意經濟的精髓。創意之於個人，乃至於社會國家，都是一項能永續經營的獲利資產，應該加以善用，並使之具體成形，創造經濟和文化價值。」

——世界創意產業之父霍金斯（John Howkins）

畢卡索和梵谷同樣是世界知名的藝術家，但兩個人生前的際遇大不相同。梵谷一生未曾賣出一幅畫，窮苦潦倒；畢卡索一生功成名就，富裕尊榮。是什麼原因造成這麼大的差距呢？

我們在第二樂章中提到過，創意經濟是當今全球性的成長產業，又被稱為二十一世紀的黃金產業，圖三．三可以讓大家了解其特徵和特性。文化是一個社會中，各種獨特的精神、物質、理智和情感的特徵所組成的一個整體，因此是國家、社會、經濟和產業發展的關鍵力量。它包括藝術和文學，也包括生活方式、基本人權、價值系統、傳統和信仰。

加拿大學者薛佛（Paul Schafer）在《經濟革命還是文化復興》（*Revolution or Renaissance*）一書中強調，雖然經濟時代創造了大量豐富的物質財富，但也帶來了一系列挫傷人類元氣的問題。這些問題已使經濟時代走到了歷史的盡頭。人類必須朝一個新的時代邁進，這就是文化時代。

許多發展印證了此一事實：文化正在世界上形成一股關鍵的力量，並且必定會在未來的世界中發揮強大的作用。**最近包括大陸、台灣、韓國、日本和許許多多以製造為導向的經濟體，都開始碰到利潤結構和產業結構嚴重失衡的問題，怎樣善用文化和創意來改善此一缺失，紛紛成為重要議題。**

創意經濟產業結構上的特性是，相較於其他製造性的產業，它具有或倚賴服務業的比重更大，而產業聚集的程度也因為上下游產業眾多，而更講求群聚效應。另外，因為至今對於創意價值的評價和鑑價仍缺乏統一的規範，所以要從金融體系取得資金融通仍普遍不易。

◎誰來評估創意價值

前IBM董事長沃森（Thomas Watson）說：「好的設計就是好的生意。」美國工業設計之父洛威（Raymond Loewy）也說：「最美麗的線條是上揚的銷售曲線。」然而，創意在商場上碰到的第一難題就是：誰來評估它的價值？

「天使基金」（Angel Capital）在創業初始階段發揮了雪中送炭的功能，台灣政府預定二〇一四年開始將推「創櫃板」資本市場，鎖定六大新興產業，包括生技醫美、綠能、精緻農業、文創、資通訊、觀光旅遊，主動協助微型企業成功在資本市場募資。文化部為深耕文創產業，將藝文、媒體、設計及數位內容等四大類，列為重點扶植產業。創櫃板主要條件是：納入公司治理、財報透明的規範，而其資本募集採天使資本模式，主在集合大眾小型個人投資，限制每人五到十萬元。此一計畫若能實施，對創意經濟的發展將是一大助力。

法蘭瓷近年來以融合東西方文化元素於瓷器的創意，成為華人創意產業的領航者。法蘭瓷的創意績效有其評比程序和步驟，創辦人陳立恆說：「創意人並非天馬行空的幻想者，而是具有敏銳市場嗅覺、判斷力和熟諳製程與材料的應用工藝人。」

法蘭瓷的創意評比是針對市場潛在需求，由創意人依品牌策略與理念發想，由設計師繪出圖樣，傳給全球行銷據點，做初步評估，評分較高者入選，再由工廠製作打樣，另選零售點試銷，從最獲消費者青睞的排行榜中選出樣品，進入大量生產，約經半年後統計，總評創意績效。

管理學者蘭德利（Charles Landry）引用價值生產鏈分析法（Value Production Chain

Analysis），提出文化產業的五個價值階段：創意的形成→文化產品的生產→文化產品的流通→文化產品的發送→最終消費者。

美國經濟學家普哈拉（C.K. Prahalad）和哈默爾（Gary Hamel）在論及創意產業競爭力時指出，其產業競爭力的根本要素主要包括三大核心能力：整體創新能力、市場拓展能力和成本控制能力。而哈佛大學教授波特（Mike Porter）指出的創意產業比較優勢，則包括了：

一、**要素稟賦**：核心要素是文化資源，包括歷史遺產、民俗文化、鄉土風情、文學藝術、民族音樂、風光資源。

二、**生產技術**：科技、資訊、通訊、電腦、多媒體技術的運用，使得規模經濟越形重要。

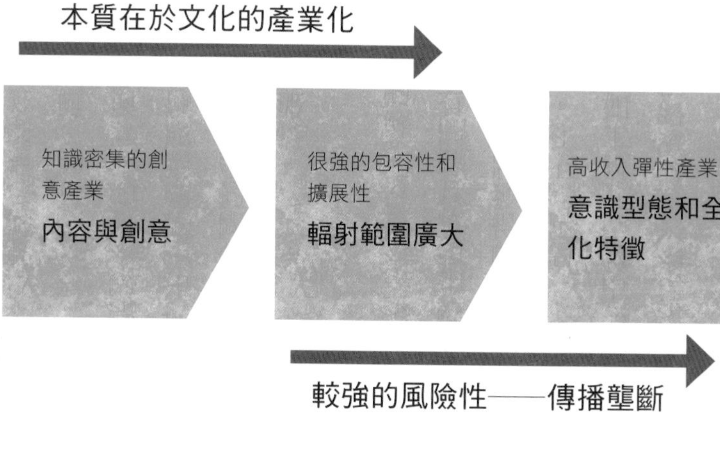

圖 3.3　創意經濟的特徵和特性

三、創新能力：文化產品旨在滿足人類精神需求，而人類精神需求差異較大，必須不斷創新以提供多樣的文化產品。

四、行銷能力：市場運作、行銷宣傳、資源及資本整合能力。

《花木蘭》是迪士尼第三十六部經典動畫，二〇〇五年推出，淨賺六億美元。劇情接續電影版的《花木蘭》，敘述當花木蘭和李翔準備完婚之際，卻突然接到一項皇帝指派的祕密任務，許多創意價值便隨著劇情的翻轉從此衍生發展：

為了抵抗虎視眈眈的強大蠻族，皇帝決定拉攏其他鄰國，便指派李翔和木蘭祕密護送三位公主外嫁和番，以期維持邊疆和平。他們立刻啟程動身，愛管東管西的木須龍和蟋蟀當然一起跟來，但是在途中木蘭卻發現公主們其實不願外嫁，更糟的是居然還愛上別人！一向崇尚女子自由意志的木蘭，跟李翔之間也因此起了爭執，再加上木須龍在一旁搧風點火，情況越來越不可收拾。快到鄰國邊境時，沒想到此時又遇上擾亂旅人的搶匪，讓木蘭和李翔面臨重大考驗。面對這趟危機重重的任務，花木蘭最後要如何向兩國君王交代？

《花木蘭》的整個行銷管理如圖三．四所示，開展了一個「創意唱戲、設計搭台、管理播映」的新價值鏈效應。

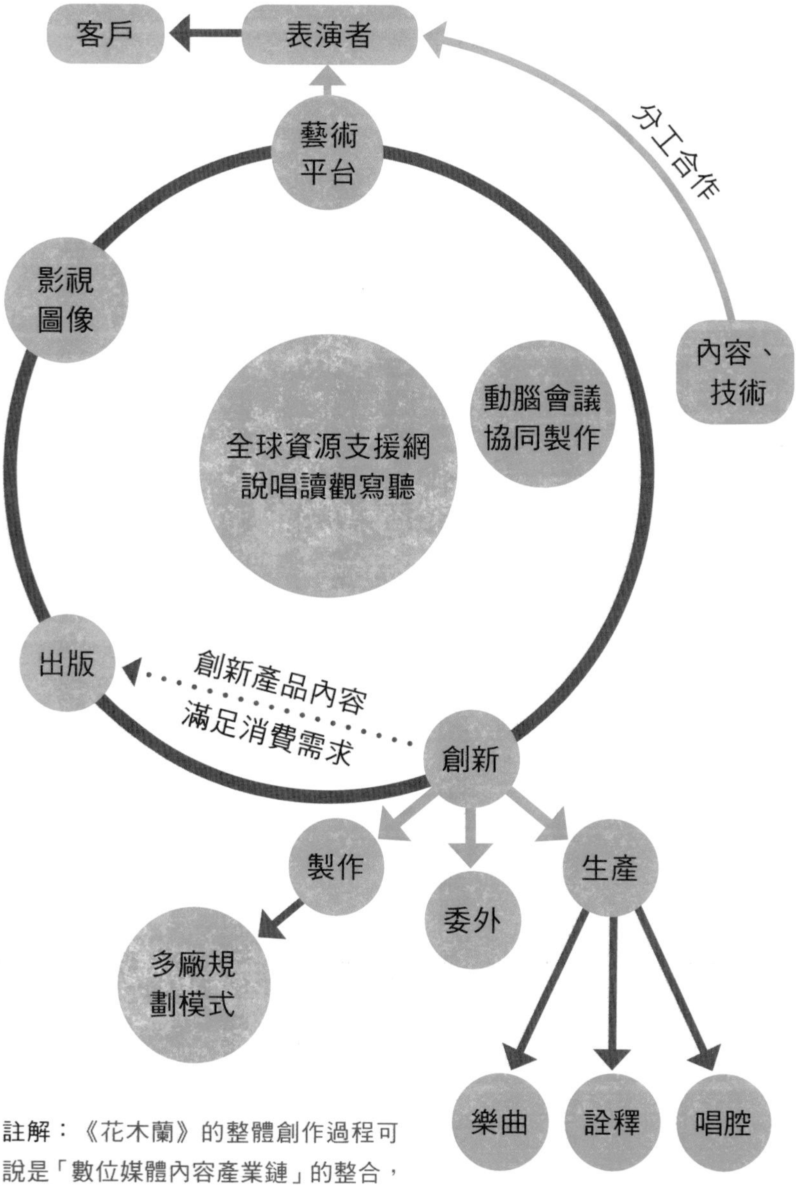

註解：《花木蘭》的整體創作過程可說是「數位媒體內容產業鏈」的整合，它包括了數位通訊、軟體設計、數位行銷和影像製作四大創意產業。

圖 3.4　《花木蘭》的產業鏈整合示意圖

至於文化和創意的價值曲線，根據我們對客家文化創意產業的研究（圖三．五），可以從價值要素在時間的移動和空間的昇華中，隨著文化價值的發現、內涵精神的淬鍊，最終經由創意產業的實踐獲得落實。

創意產業的商業化路徑強調，作品必須先能公開評論才有價值，而它涉及兩個要素，一是有無受市場評估的機會，此時品牌和名氣占有重要的位置，名氣大、名聲好、名望高，且具有真善美的精神，則在市場行銷的吸睛度和話語權就相對較高。二是服務價值，包括在環境、儀式、活動和服務中的活動權和感動度。

◎未來全球創意市場的趨勢

創意資產可能透過各種形式表現，可能經由文化深耕、智慧財產權、專利申請，甚至創造文化知識的人才培養和產業的組織結構重整，塑造另一種實用經濟學範疇。創意資產是經濟發展的另一個核心，我們主張**除了致力於「創意產業」的開發，更要讓創意的價值和理念融入所有其他產業，而形成「產業創意」的新思維和新做法。**

世界貿易組織（WTO）對全球文化產業貿易的規範，明確地將報刊、出版物、廣播電視節目、視聽產品、電腦軟體、光碟、廣告設計等，都列入知識產權保護範圍，也擴大世界自由貿易規範至服務業，包括顧問、企劃、公關、展覽、娛樂、廣播影視、旅遊、會計等商業性勞務範圍，並擴大文化產品的市場開放，不得設置歧視性的進口障礙，如配額與關稅等措施。此外，強調法律上的有效性和透明度，要求對於知識產權的保護和相互市場開放程度，皆應置於國際監督之下。

隨著全球的產銷日趨國際化，各國對商品及服務流通的管制也越趨開放，二十一世紀的未來十年，

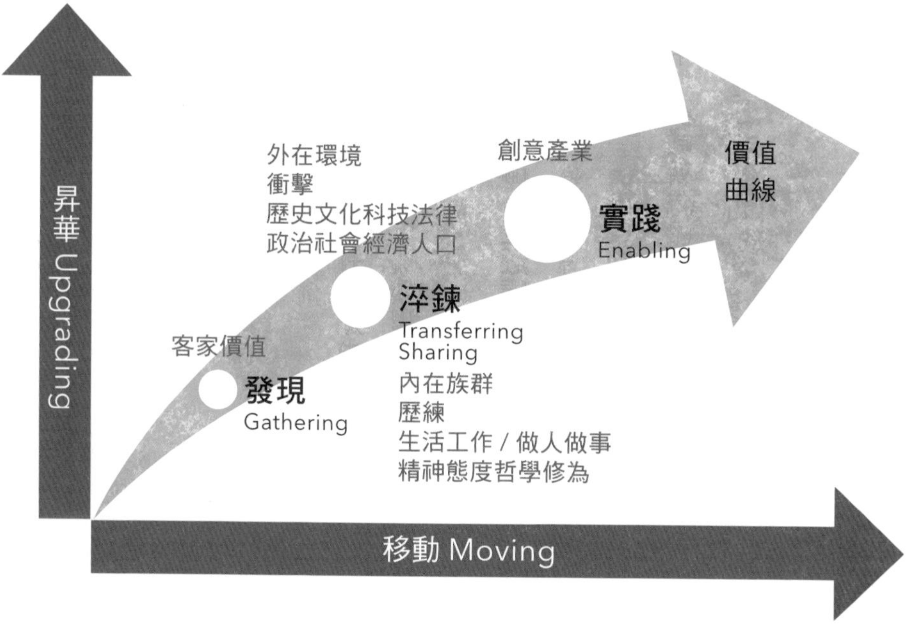

圖 3.5　創意的價值曲線：客家文化價值的實踐

也將是開發中國家推動國際產銷分工的關鍵時刻，創意產業也必將帶動全球性文化和創意貿易的新時代。

改變中的國際文化貿易型態將有下列三大重要特色：

一、摩爾定律（Moore's Law）與梅特卡夫定律（Metcalfe's Law）所激發的激烈價格競爭，以及網絡體系高度的商務透明，加速並提高了買方與消費大眾對價格的敏銳度，國際創意產業的貿易也將進入「以快吃慢」的世界。

二、國際貿易市場群聚效應日益興起，供應商如果不能加快供貨速度，不能適切整合全套產品，不能有效掌控融資服務，就很難繼續生存，創意產業亦然。

三、一九八〇至一九九八年間，全球創意產業貿易從九五三億美元增至三八七九億美元，但超過一半集中在美國、德國、法國和英國，二〇〇〇年後結構上雖然並沒有改變產業內貿易的典型，但日本、韓國、中國、印度等皆開始占有一席之地。

創意經濟最大的價值是對人類文化氣質的提升。哈佛大學經濟學教授考恩的研究指出，氣質包括：社會自信、透過集體信仰而產生的樂觀，或對於美的性質和價值的文化預期。氣質是用以創造或觀察藝術的背景語言（implicit language）。法國藝術史學家泰恩（Hippolyte Taine）認為氣質是心智和周圍情況互動的狀態。德語的氣質「weltanschaung」則是指看待世界的方式和時代的精神。

根據學者聖克萊爾（R. K. Sinclair）的說法，跨文化的接觸對於窮國和小國的本土氣質（ethos）會產生破壞性的影響。世界上文化繁榮的範圍越廣，窮國和小國文化失落的悲劇程度就可能越深。

然而，優良的氣質能夠讓較小的群體也能創造文化的奇蹟，想想古雅典居民不過二十萬人，但它在哲學、詩歌、歷史、戲劇和政治學上的成就卻令人稱羨。他們提供了有利於大膽創造性思考的環境和精神氣質。雅典人以渴望發現、渴望奇蹟、渴望嘗試第一次的情緒，感染了他們的創作者。同樣地，文藝復興時期的佛羅倫斯人口也不過八萬。氣質可以幫助相對小的人群，實現不可思議的創造性繁榮。

◎產業創意案例——譚木匠梳子

香港中文大學教授郎咸平有一把木頭梳子，他相當欣賞它的造型和材質，得意地隨時攜帶使用。他還特別為文，認為製造這把梳子的「譚木匠」很具創意，把文化的元素和創意的技巧，十分巧妙地融合運用在梳子當中。

精確掌握行業的本質和特性，是企業成功的關鍵。木頭文化的精神是什麼？梳子有文化嗎？

梳子在中華文化裡又代表什麼意義？在人們的生活及工作中具有什麼價值？郎教授根據價值的三個層次（見圖三．六），認為譚木匠在創意發想和運用的過程中，適切地發掘也掌握了它的關鍵。

「找回人們對產品精神的視線」，是譚木匠在產品的設計創意上所著重的第一目標，利用店面的裝飾刻意展現中國傳統木頭文化，更善用這種心理的訴求來激發人們的好奇感。

譚木匠的梳子確實不便宜，一把黃楊木梳要一兩百元台幣，一把紅木梳將近五百元台幣，最好的甚至要上千元。相較之下，一把塑膠梳子不過幾十塊，譚木匠憑什麼賣這麼貴呢？因為它的梳子本身做

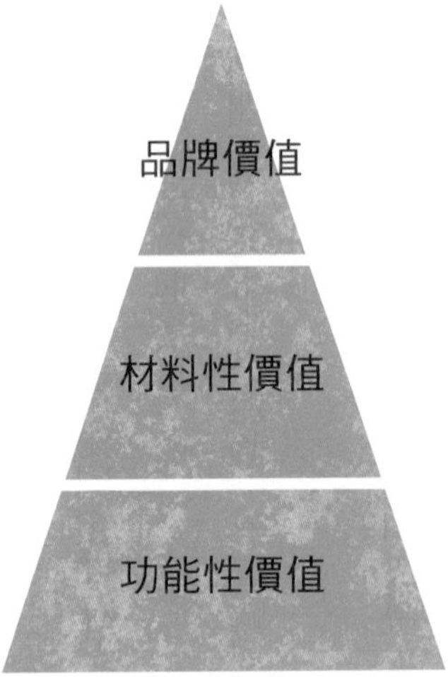

價值的金字塔	來源
品牌 身分識別 價值表彰 信任、欣賞 文化的精淬、 內鍊及外顯	風格、風味、 風俗、習慣、 禮儀、精神、 道德、倫理 ↓ 生活的習慣 工作的態度 做人的哲學 人生的價值

圖 3.6　價值的三個層次

工精緻，外觀造型有審美價值，包裝盒上印著「我善治木」，素淨而典雅，極具文化內涵和王者風範。

郎教授長期觀察和研究中國經濟和產業脈動，從二〇〇八年開始就大聲疾呼，中國要趕緊提升產業競爭力，不能老靠廉價勞工賺取辛苦的外匯。他舉中國製的芭比娃娃為例說，每個娃娃的生產成本是三毛五美元，但到美國的零售價格卻是八點九九美元，可見這種價值的差距有多大？製造商二％與行銷者三〇〇％以上的利潤差距又有多大？價值微笑曲線的兩端高峰，一是創新，一是行銷，但中國和台灣都沒有在這兩端賺到利潤。

創意經濟主要表現在兩方面，「創意產業」和「產業創意」。創意產業是一種不同於傳統產業的新興產業型態，從內容到表現都是新穎的，從世界創意產業之父霍金斯宣導創意產業開始，創意產業在這十多年裡有長足的發展。產業創意則是傳統或科技產業再創造、再創意化的改造過程，在既有的產業基礎上加入創意價值。無論是創意產業還是產業創意，都是創意經濟重要的一環，而譚木匠把日用品藝術化的做法，正是後者頗具現代性的典範。

第四樂章

舞動情欲

當康納曼遇上江蕙

Marketing Emotion

黃丙喜小喇叭獨奏、解崙鋼琴伴奏

從感覺、感知到感動

「眼睛可以瞬間攝入未加中介的全部光線和空氣中的震動。這種『純粹感知』要求有統攝萬物的『上帝之眼』。」

——清華大學外語系教授陳永國

現代電影充滿虛幻的聲光效果，傳統劇場則欠缺現實的臨場感，日本的能劇、中國的地方戲曲、希臘的古劇場、印度的劇場等等，每一個都是簡易搭台，拉起帷幕，演員粉墨登場，就演繹出一整個人生世界。無論是現代電影或傳統劇場，事物的真相永遠藏在故事的幽微之處，眼見未必為憑，心才是唯一的感知羅盤。戲劇中一些必要的時代細節與物質考究，除了滿足觀眾的聲光享受和追求美感的樂趣，也幫助觀眾更迅速地深入故事的奇境，無礙地發揮想像力，設身處地去理解戲中角色的處境，進而更能了解事物的核心真意。

當我們想到攜帶式音樂播放器的時候，腦海裡就會浮現 iPod。蘋果電腦統治這個市場的過程，就是經由感動行銷而成功定位的出色範例。**感動行銷就是讓你的產品和服務進入潛在顧客頭腦的過程**。而從認知心理學的觀點，創意經濟的感動結構又是如何呢？（見圖四．一）

我們首先要知道的是，價值在認知心理學的定義為：被認知到的差異和重要性，而在人的感知記憶中，語意記憶涉及時間和歷史的背景；場景記憶涉及生活的經驗；文化的意義有關社群網絡、風俗習慣；創新的價值則源於標異立新的方法和思維，如此相互創造出人們從感覺、感知到感動的動態心理結構。

文化意義：

人們經由語意和場景獲得的時空記憶，與曾經生活和工作過的社群網絡中的習慣／習俗過濾和互動，所能清晰感知到的特別精神意義

創新價值：標異立新

「異」在非傳統的思維和方法：工藝、設計、材質、思維

「新」在產生的新的結果：產品、服務、功能

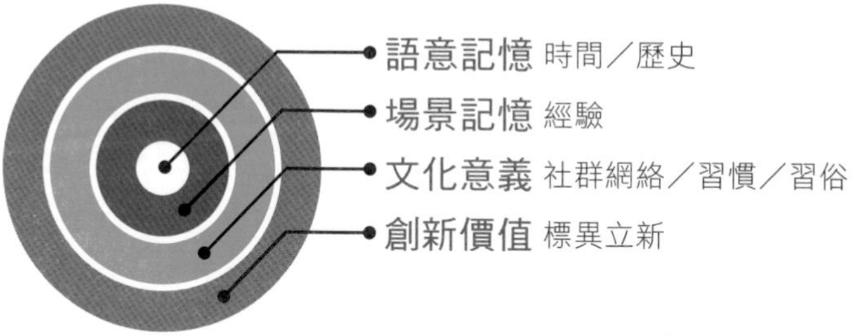

圖 4.1　創意經濟的感動結構

「定位，就是在人們的大腦中找到窗口。它的基本概念是，傳播只有在合適的環境中和合適的時間裡才能實現。」

——艾爾．里斯（Al Ries）、傑克．特勞特（Jack Trout），《定位：頭腦爭奪戰》（*Positioning: The Battle for Your Mind*）

現實生活裡，我們經常自信地認為，我們的思維是客觀的、合乎邏輯的，做出的決定都是基於理性的推論；但是，現代行為經濟學和神經心理學的科學實驗證實，我們的日常行為擁有太多非理性的傾向，而且經常意識不到它們如何影響我們的行為模式。

我們的腦分為左右兩個結構——主掌理性的左腦，和控制情感的右腦。情感是導引我們對人生感到幸福快樂的精靈，問題是，我們並不完全了解這些情感性行為的原動力。福爾摩斯（Sherlock Holmes）說：「沒有數據就形成理論是極大的錯誤。」人類社會是一個充滿心靈感動的動態世界，文化藝術的可愛更因為它充滿著情感的流動。如果我們清楚情感變化流動的關係和結構，就更能心領神會每一個隱藏在藝術活動中的精微意義。

創意經濟為我們的社會創造了許多寶貴的文化價值和經濟價值，而從感覺、感知到感動的認知過程中，人們與創意的媒介和載體，也就是和藝術作品相互產生的溝通、對話和互動，正是舞動創意經濟更加活躍盎然的精靈。感動行銷是創意經濟價值體系中至為重要的核心，讓我們經由行為經濟學和神經心理學的科學實驗，一步步探索感動行銷在創意經濟世界中有趣的變化和流動吧！

◎過度複雜的選擇，過分擁擠的市場

二〇〇二年，摩托羅拉（Motorola）在全球的手機市場如日中天，其亞太區總裁孔毅在一項國際行銷研討會中，出示如圖四・二這張簡報圖，當時令我驚訝悸動，至今仍然記憶深刻。這張圖清楚地顯示出當時全球的手機市場，除了大家耳熟能詳的三大之外，其實還有多達五十四家的手機製造商，

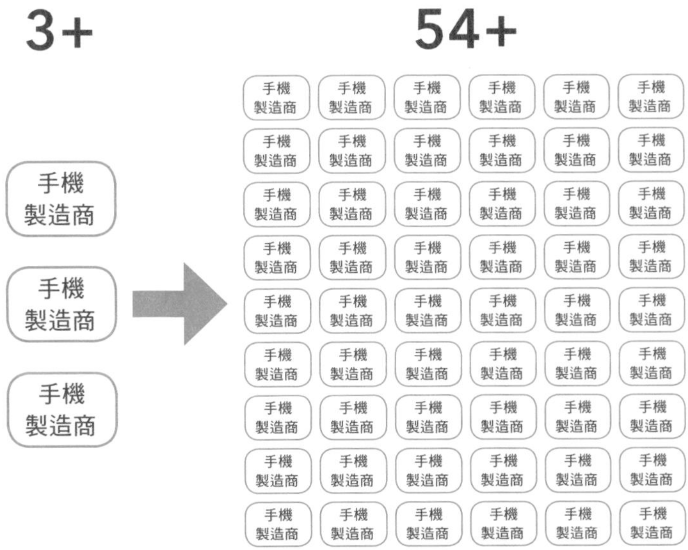

圖 4.2　急速增長的手機製造商

競爭之激烈不難想像，行銷的重要也不言可喻。至今，全球手機市場又經歷了數波翻天覆地的變動和血流成河的衝擊。

在創意產業的世界裡，特別是音樂藝術領域中，更是經常萬中選一，而且市場正變得越來越雜亂無章；因此，如何向人們傳達訊息，使之瞬間心生感動，便顯得格外重要。

市場上的過度傳播，導致了艾爾．里斯和傑克．特勞特當年稱之為「過分簡單的頭腦」現象。這是消費者為了應付企業及行銷人員狂轟濫炸而形成的防衛機制。今天可供我們選擇的東西實在太多，例如七〇年代樂事銷售的薯片只有十種，九〇年代就增加到七十八種；七〇年代的五種慢跑鞋，到了九〇年代便上升為兩百八十五種！今天可供大眾選擇的創意商品，更是何其紛雜，造成過分沉重的訊息負荷，如果不在人們有限的大腦窗口中找到一個令其心動、感動、悸動的位置，勢將無法脫穎而出。

◎感動的奇妙因子

大悲無言、喜極而泣是人類的感動世界中，超乎理性推論的典型事例。小喜的反應是歡笑，大喜的反應卻是淚泣；小悲經常需要解釋，大悲卻無需多言，即能令人動容。二十一世紀的行銷是一場人與人的感性對話，服務和產品只不過是這場對話的媒介和載體，感官知覺的動態互動才是行銷的本性和真意。

電影中充滿虛構的情節，但我們看電影為什麼會感動？心理學上的解釋是：

一、**產生認同**：無論認同了電影或小說的什麼角色，感動都可能發生。所謂認同一般可以理解為：在那一刻，你這個主體和被觀看的客體，產生了相同或相似的處境。

二、**情緒認知**：情緒最終的決定者是認知。當外界的信號被你所接受時，藉著神經通路傳進大腦，大腦就會判斷這件事與你的認知是否相符，然後將結果下傳，經由情緒、行為等表現出來。情緒的強度有許多影響因素，包括信號的強度和你的感受力，所以如果電影情節感染力強、或強烈觸動你的情緒感染點時，就會發生感動。

三、**觸動記憶**：記憶是神經系統儲存過往經驗的能力，代表一個人對過去活動、感受、經驗的印象累積。如果電影的情節與你過去某段時間的印象相似或重疊，就會牽引情緒，感動也會隨之而來。

◎感動的過程和心理變化

根據心理物理學（Psychophysics）的研究和觀察，人們感動的過程和變化可以分為五大階段（如圖四．三），從訊息的流入、接收刺激的感覺、腦神經系統的解碼、知覺意識的解讀到心覺的洞察感悟，彼此相互流動和影響，構成一幅人類知性和理性交織的藍圖。

一、**知覺**：人類的視覺、聽覺、嗅覺、味覺、觸覺等感知系統，在將訊息傳遞給腦時沒有什麼特別的意義，而會在我們稱之為知覺的過程中得到組織和解釋。這一過程對我們所有人來說大同小異，但

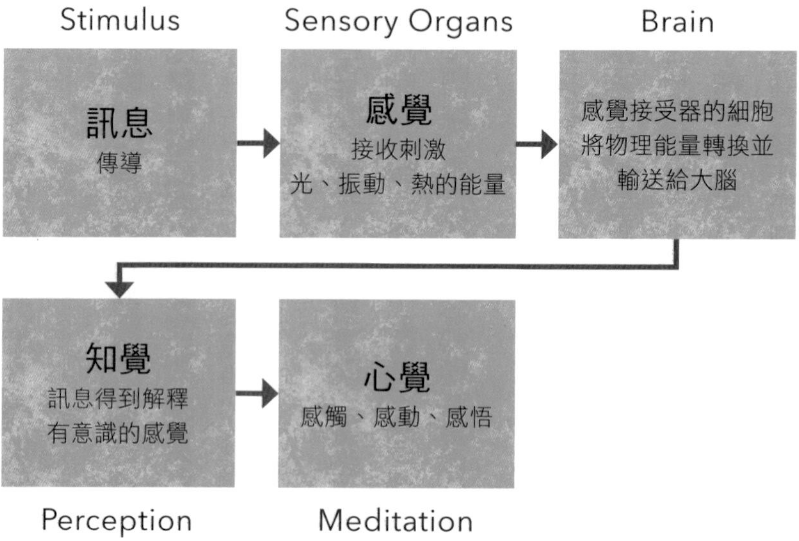

圖 4.3　人類感動的過程和心理變化

知覺的某些方面對不同文化的成員來說又是獨特的。個體的特定學習經驗、記憶、動機乃至情緒，都會影響到知覺解釋的意義。

二、心覺：時空觀照和思想透視後的生活靈動。我們在閱讀詩詞歌賦、觀賞畫作時，其實就是經過了這兩個歷程。以王昌齡的〈採蓮曲〉為例：

「荷葉羅裙一色裁，芙蓉向臉兩邊開。亂入池中看不見，聞歌始覺有人來。」

王昌齡這首詩中的主角其實是面如芙蓉的美人，但他沒有用任何具體的文字直接描寫人這個主體，而是藉由荷葉、芙蓉、羅裙、池塘這些客體的旁徵博引，乃至視覺和聽覺的感受，把少女的朦朧之美完全地動感化。王昌齡的高明精妙之處在於，經由視覺和聽覺的傳達，進而把人最為感動的核心——心覺觸發出來，讓人遐想無限。

陶淵明詩歌的藝術成就其實也是善用視覺、聽覺和心覺等感動要素的絕佳事例。陶淵明詩歌的藝術風格自然平淡，正如宋代理學大師朱熹所言：「淵明詩平淡，出於自然。」〈歸園田居〉中的「狗吠深巷中，雞鳴桑樹顛」、「種豆南山下，草盛豆苗稀」；〈飲酒〉的「採菊東籬下，悠然見南山」等皆是。

北京大學教授周先慎認為，陶淵明的詩之所以能做到自然平淡，最主要的是他並不是有意作詩，而是真情流露和抒發。陶詩在自然平淡中有境界、有情趣、有性格、有思想，故能顯出純淨邈遠來。**境界、情趣、性格和思想這四者，正是評定創意的藝術價值的標準。**

因此，一個感動行銷的感知整合架構，是從眼耳鼻嘴身對聲光色味覺的「感覺」開始，而後經由經驗和記憶的「統覺」，再經由喚醒、刺激和體現的「知覺」和「心覺」，構成一個感動行進的流程，見圖四・四。

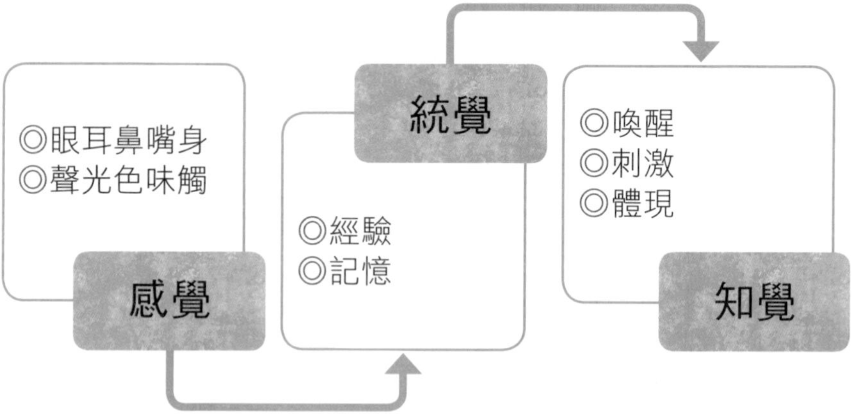

圖 4.4　感動行銷的流程

◎感動行銷練習——為畢卡索的畫展辦一場記者會

畢卡索的畫作充滿時空轉換與心理靈動的特色，這當然是感知和感動過程中必須善加運用的因子，包括視覺→光的感受（色覺）；聽覺→感受聲波；軀體感→來自身體的訊息（方位、運動、痛覺）；化學感動→生活中的味道和氣味（味覺、嗅覺、費洛蒙的覺察）。

根據德國心理物理學家韋伯（Ernst Weber）的「韋伯定律」（如圖四．五），人的感覺限界（Sensatory Threshold），是指訊息須有多強，才能被感官接受；絕對限界（Absolute Threshold）是人能覺察到某一刺激的最小數量，例如女性或年輕消費者的限界較低，所以對新鮮事物較有反應；而差別限界（Difference Threshold）乃指兩個刺激間能被覺察的最小差異能量；感覺適量（Sensory Adaptation）是指當刺激訊息一再出現，感覺會逐漸疲勞，所以必須適量。在設計感動行銷規劃時，要注意設計「刺激」的強度要符合這些人體的感覺機制。

經過這些感覺、統覺、知覺和心覺的靈動，你從中感知到畢卡索的畫，有哪些有別以往、能夠令人感動的新價值了嗎？我們替這場畫展擬出了如表四．一的「感動行銷可運用的心理感知元素」，也草擬出行銷活動的規劃，你認為這是否合適有效呢？

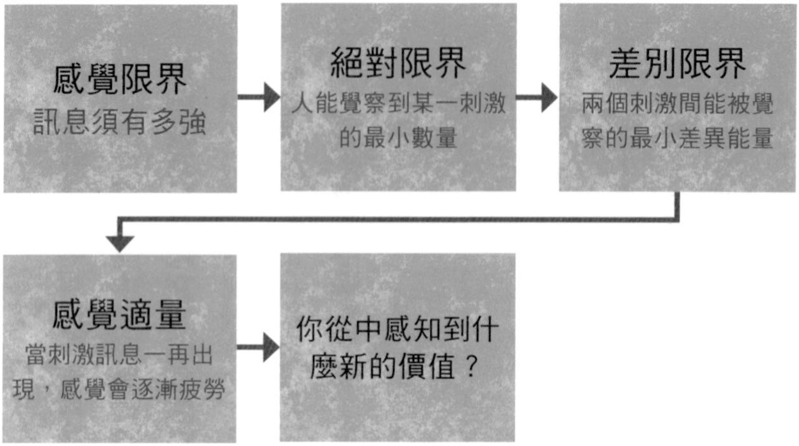

圖 4.5　韋伯定律

心理感知元素	行銷活動規劃
視覺	展場光線設計
聽覺	符合畫景的音樂
軀體感	提供適當的觀賞位置和小憩空間
化學感動	噴灑符合畫中情境的特殊香水

表 4.1　感動行銷可運用的心理感知元素：以畢卡索的畫展行銷活動為例

從記憶、經驗到體驗

你看過Discovery頻道的《感官世界》（*The Science of the Senses*）這系列影片嗎？這些影片告訴我們，是感官在控制我們，而不是我們在控制感官。

人的感官系統不是獨立運作的，基本上味覺和嗅覺有正向關係，而嗅覺是人類最古老的記憶神經和情感的邊緣系統，不像視覺和聽覺在感知體系上還會先經過大腦的理性分析，特別是視覺可說是觸發感動的第一感官神經。

心理學家萊希認為，視覺和聽覺在感知體系上會先經過大腦的理性分析，所以心理物理學中常說：「眼見不為憑。」問題是，視覺往往會有許多判斷的失誤，背景、圖形、光線、顏色、紋理、線條、重疊、陰影和運動速度、空氣透視等等，都會形成誤判。而且，當這些訊息被解釋為有意義的知覺時，我們所知覺到的東西往往是基於我們腦中的加工，而非我們眼前實際看到了什麼。但做為感動行銷的媒介和載具，它卻是引發感動的第一道窗口。

◎觸發感動的視覺，其實也會騙人

我們透過眼睛看世界，所以經常只因為美美的一張廣告，就不知不覺地下了購買決定。在消費時凌駕我們所有感官的是「眼睛」，而不是「大腦」！視覺了凌駕我們其他的官能。視覺不只幫助我們看外面的世界，也主控著我們對外面世界的看法。

品酒者的迷失最能顯示，我們是用眼睛看東西，而不是用大腦看。科學家曾將無嗅無味的紅

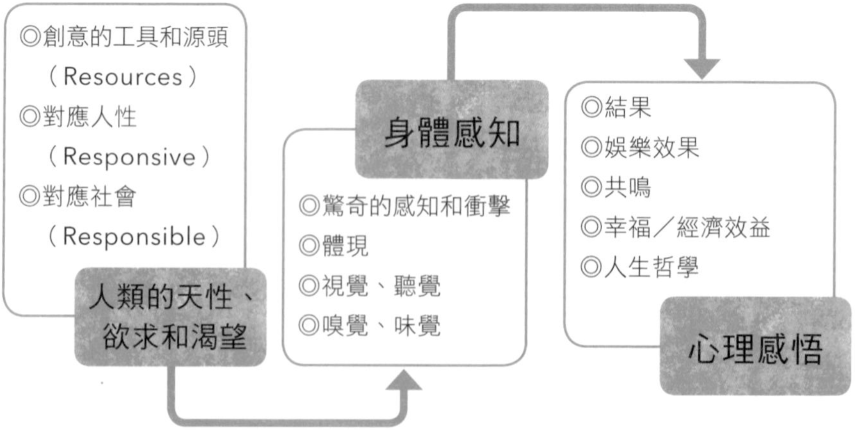

圖 4.6　人體的身體感知與心理感悟

色染料滴在白酒中，給五十四位品酒專家喝，想知道假如只有在視覺上動手腳，顏色是否能騙過他們的鼻子？結果答案是會，當這些專家端起染色的白酒時，他們的術語馬上轉換為紅酒術語。

還有一個關於嬰兒的實驗也證實，「視覺」在感知上的地位勝過「嗅覺」。在人體DNA世界的爭奪戰裡，約有六〇％的嗅覺相關基因被永久廢除，並以四倍的速度萎縮。所以在大腦有限的皮質空間中，視覺也正蠶食著嗅覺的地位。正因為如此，現今許多行銷手法就充分利用人們「眼見為憑」的認知缺陷，大肆用美不勝收的圖片及電腦動畫的魔力，來迷惑大腦！這就是感動行銷技巧運用的第一課。

◎啟動視覺和聽覺，找到消費者的情緒按鈕

廣告設計與行銷策略是否有效的關鍵在於，經由哪種傳播媒介效果最佳？廣告所含的訊息量是否超載？哪種陳述方式最能吸引消費者？

傳統行銷學主要透過行為實驗或廣告小範圍實驗，來檢驗廣告是否都能達到預期效果。這些方法都存在消費者判斷的主觀偏差，或市場分析資料的主觀性等問題，且廣告小範圍實驗的成本很高。神經行銷學在廣告設計階段就能對上述問題給出答案，找到最佳傳輸媒介、適量的資訊負

荷，以及具有誘導性的陳述方式，不僅科學而且成本低、見效快。

美國加州大學透過腦掃描，研究美國橄欖球超級聯賽的廣告發現，差的廣告只能啟動人的聽覺區域和視覺區域，而好的廣告在啟動這兩個區域的同時，還啟動了獎賞區域和移情區域（Empathy Centre）。研究顯示，情緒在決策過程中扮演了重要的角色，同一問題、不同的陳述方式，就可以改變問題的答案。大部分的行銷公司都在試圖找到一種最好的廣告陳述方式，使得廣告的產品或服務更加吸引人。

透過神經行銷學，可以高效且準確地找到這種「情緒按鈕」。美國媒體採購集團PHP Media透過消費者對聲音廣告、影像廣告和聲音——影像廣告反應的腦區活動掃描，發現聲音——影像廣告帶來的衝擊最強。基於這個研究成果，PHP Media將其印刷業務廣告以電視廣告的形式播出，並取得良好成效。

美國學者雷蒙（Raymond）認為，消費者看或收聽廣告是一個任務相關的注意選擇過程，他們對任務不相關的資訊具有負面反應。**如果在廣告中載入了太多的資訊，消費者就會排斥廣告。**

◎感動行銷案例——交響樂親近大眾的感動行銷法

一、**市場調查（Research Finding）**：透過了解閱聽大眾之後發現，如果交響樂團的排場不是那麼正式、舉辦在高規格表演廳的話，許多人會更願意走進交響音樂會，畢竟交響樂團一般給人的感覺就是距離遙遠、很難親近，而且有許多的禁忌，會讓閱聽大眾產生壓力。

二、**行動方案（Action）**：交響樂團開始執行親民計畫行動方案，例如有些團員會走進群眾、學校和戶外，表演大眾耳熟能詳的作品；樂團並公開在城市啤酒足球大賽中演奏歌曲；指揮也經常性地接受地方電視台的訪問。台北市文化局自二〇〇一年開辦至今的「文化就在巷子裡」活動，也是把交響樂團從國家音樂廳搬到巷弄鄰里間，使之更加親民的表現。

三、**結果（Result）**：交響樂的閱聽大眾越來越多，充分反應以顧客為中心的正向效果。

◎善用視覺案例——P&G的成功之道

創新就是將新構想轉化為營收與獲利。只有在你把顧客當成老闆時，創新才有意義，你必須了解顧客在理性與感性上的需求，才有辦法想出能改善他們生活的新產品，又能夠善用感動行銷，先搶占消費者的眼球，以求順利贏得他們的好感和芳心。

世界最大的日用消費品企業之一寶鹼（P&G），在墨西哥市場發行的Downy衣物柔軟精，在二〇〇〇年代初期，市占率不僅低，而且連成長都沒有。該公司針對目標客群加以研究，發現他們住處的自來水供應不穩定，使得洗衣成了一件苦差事。於是寶鹼研發出一項新產品，讓洗衣更輕鬆、更省水。這種新的衣物柔軟精可以在洗衣的最後一道沖洗程序加入，用清水就可以同時沖洗掉洗潔劑和衣物柔軟精。

值得大家借鏡的是，他們還透過行為科學的調查研究，設計出符合美學造型的容器，更在商品標示和陳設中，充分考量人的視覺感受，結果這項名為「Downy一次沖」的產品，在墨西哥消費市場一炮而紅。

寶鹼之所以能夠研發出這項產品，完全是因為該公司肯花時間找出，消費者使用現有產品時想要達到哪些目的、有哪裡還不滿意，然後再想出更好、更有效的方法來解決問題。

我們的研究發現，在清潔用品容器的外觀設計和擺設、標示的視覺效果上，對於行銷的影響如表四·二所示：

表 4.2　容器設計的行銷效果

程序	關鍵任務	策略價值
產品外觀設計、容器大小形狀與包裝	●外觀與容器要能襯托產品評價與價值 ●包裝要能讓消費大眾一眼知悉它能做什麼 ●產品標籤要充分展現商品名稱與主要用途 ●產品的內外包裝能否賦予產品更高價值 ●有初步決定後，向消費者調查喜愛度與辨識度	●永遠要從消費者的觀點、認知、習慣與行為來從事行銷 ●消費者採購行為雖是認知→興趣→欲望→行動的AIDA歷程，但對行銷者而言，沒有最前面的認知（A），就不會有後面的一切
產品定位 市場區隔	●產品定位與市場進軍策略要相互呼應 ●充分考量企業內外資源 ●消費者不買最好的，而買需要的 ●定位、聚焦與差異化	●由上而下或由下而上 ●集中及擴大宣傳產品的差異（核心競爭優勢）
宣傳文句	●產品標籤文字的呈現要主體鮮明 ●主體文字要簡潔有力，而且充分展現產品特質 ●寫太多等於沒寫，不要期待消費者看完所有印在商品上的字	●消費者向來很懶，行銷動作當然不能太複雜，產品一定要能在對方採購過程中，輕易引起注目 ●消費者的文字程度普遍不高，產品的命名不能讓他念不出來或很難發音

產品陳列	●系列商品 ●獨特商品 ●考量遠距與近距實境	產品陳列要能大到使人看得到，或奇特到使人想拿起來瞧
產品廣告	●搶占消費者的眼睛才有銷售的機會 ●選最有特色的做廣告 ●企業品牌與產品特色兼顧	●創造母雞帶小雞的群聚延伸效益 ●消費者的腦筋永遠不會記超過七件事
品牌宣傳	要考量形象，更要考量定位與內涵	在消費者心像與聯想中有清晰的正面形象與印象，而且是企業想要的
產品促銷	●聚市為財，有人潮就有生意 ●新奇產品的行銷如果不經現場呈現與使用說明，就不要期待會引起消費者青睞 ●產品是要用的，而且要用來解決問題，促銷時就是要讓消費者清楚產品能用在哪些地方？怎麼使用？能產生哪些價值？	●人員或影帶現場解說示範 ●試用、特惠的吸引力 ●改變消費者習性不是件容易的事 ●行銷的價值是讓消費大眾肯定他買對了，而且占了便宜

議題活動	●活動一定要有目的，而且不能與銷售產品脫勾 ●掌握社會脈動，才能主導消費流行	●創造話題與流行風潮 ●掌握新產業與新產品優勢
顧客服務	●客戶服務中心 ●關心是行銷最動人的語言 ●口碑是最佳的行銷媒介	●真正了解顧客需求 ●真心服務顧客，而不是只為內部管理方便而設計
產品定價	●顧客願意為享受的服務與產品的價值而付出的價格 ●品牌與功能是產品差價的最大來源	全盤考量產品及服務的比較價值後，才做出定價

◎感動行銷的情緒竅門——讓別人產生移情作用

人為什麼要表演？人為什麼會對表演著迷？一場震撼人心的表演究竟是如何產生的？表演者的大腦如何處理這麼複雜的資訊？人從表演中又可以獲得哪些改造大腦的力量？而當觀眾在欣賞

表演的同時，大腦又會透露哪些隱藏在表面下的訊息？……要實踐「感動行銷」，背後當然要理解一些情緒竅門。

藝術家身為創意的主要工作者，對於情感和情緒的感知自然是必要的修為，也有助於提升自己的功力，並強化自身的文化創意與社會網絡的互動。

第一部由台灣和法國聯手拍攝的 HD 科普影片《藝術大師的腦內旅程》（*Hello, Brain!*），於二〇一二年底在法國 CINAPS 頻道首播，其中優人神鼓以及敦煌能量舞蹈，讓法國觀眾讚嘆不已。更重要的是，它結合神經科學，探索人類腦中的世界，讓人發現藝術之美背後的感官變動玄機。

優人神鼓音樂總監阿禪師父分別接受師大教授洪聰敏的腦波測試，以及榮總醫師謝仁俊的 fMRI 測試，發現音樂、舞蹈、大腦之間的互動連結，是一場精密的腦內反應，它經由腦部的鏡像神經元系統，對視覺、聽覺和心覺產生運作的協調；由對外在刺激的體現，感知活動的頻率和觸動身體的節奏，進而產生內在心覺的共鳴。

台灣大學音樂學研究所教授蔡振家指出，藝術的欣賞經常牽涉到「感同身受」。德國美學家立普斯（Theodor Lipps）指出，移情（empathy，或稱為同理心）是對於他人動作的內在模仿，像是看著一位表演特技者在走鋼索時，會覺得自己就在他體內而感到恐懼。

神經生理學家迦列賽（Vittorio Gallese）強調，一九九〇年代發現的鏡像神經元，有助於從認知神經科學的角度來解釋移情。我們自己在做某項動作或觀察另一個人在做類似動作時，鏡像神經元都會活化。鏡像神經元系統由大腦額葉下方區域（及鄰近的前運動區）、頂葉下方區域所組成，這兩個腦區的鏡像神經元在執行與觀察動作時密集對話，讓運動和知覺連為一體，也消弭了自我及他人的鴻溝。

表演藝術的欣賞，常常需要鏡像神經元系統的參與。卡爾沃—梅禮諾博士（Beatriz Calvo-Merino）等人指出，觀眾在欣賞舞蹈之際，大腦兩側的視覺區與右側的前運動區之活化程度，與美感經驗的強度呈正相關。聆聽他人演唱或演奏時，鏡像神經元系統會讓我們自然而然產生內在哼唱（covert humming）與動作想像（motor imagery），甚至真的隨著音樂節拍而點頭或踏腳。

戲劇的欣賞也同樣牽涉到動作模擬（motor simulation）與情緒感染（emotional contagion），觀眾有時會隨著劇中人的喜怒哀樂而不自覺地產生類似的臉部表情，這就是心理學家所謂的變色龍效應（chameleon effect）。

◎為什麼我們無法拒絕感動行銷？

我們日常的許多消費行為經常無法抗拒感動行銷的誘惑，主要是因我們的消費行為決策存在著兩大特點：

一、**購買決策的複雜性：**決策是人類大腦複雜的思維活動，消費者在做決策時，不僅要開展感覺、知覺、注意、記憶等一系列心理活動，還必須進行分析、推理、判斷等一系列的思維活動，並且要計算費用支出與可能帶來的各種利益。因此，消費者的購買決策過程一般都相當複雜。

二、**購買決策的情境性：**影響決策的各種因素並不是一成不變，同一個消費者對同一種商品，會隨著時間、地點、環境的不同，而不斷發生變動；而不同的消費者對於同一種商品，也會因為收入水準、購買傳統、消費心理、家庭環境等差別而變動。

人類行為的一般模式是S—O—R模式，即「刺激—個體生理／心理—反應」。這表示消費者的購買行為是由刺激所引起，這種刺激既來自消費者身體內部的生理、心理因素，也來自外部的環境。消費者在各種因素的刺激下，產生動機，在動機的驅使下，做出購買商品的決策，實行購買行為，購後還會對商品及其相關通路和廠商做出評價，這樣就完成了一次完整的購買決策過程，如圖四．七。

當代行銷學大師科特勒（Philip Kolter）則提出，消費者購買行為的反應不僅受到行銷的影響，還會受到其他外部因素影響，而不同特徵的消費者會產生不同的心理活動過程，形成特定的購買決策，最終形成了消費者對產品、品牌、經銷商、購買時機、購買數量的選擇，如圖四．八所示。

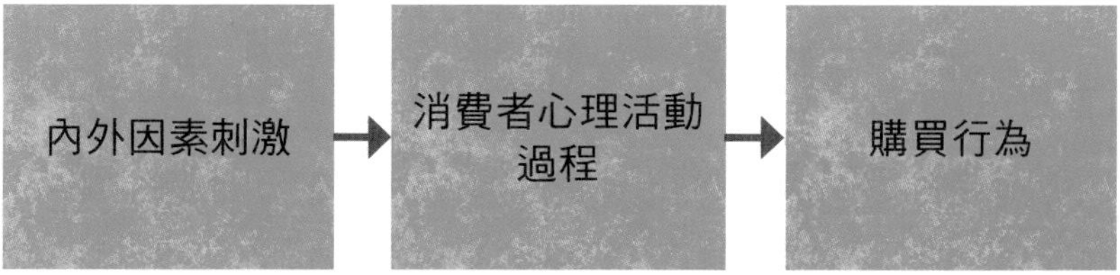

圖 4.7　消費者購買決策的一般模式

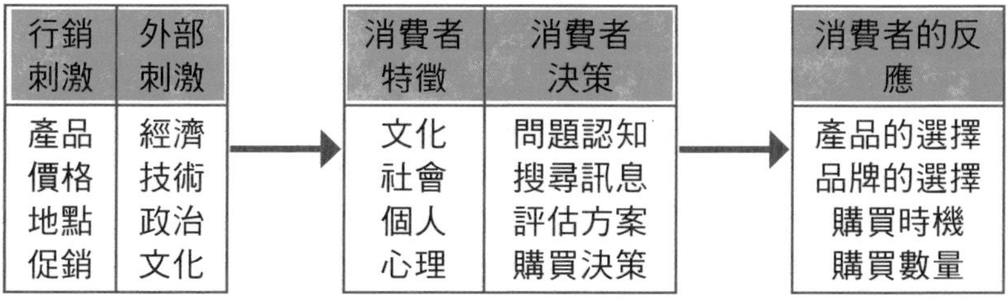

圖 4.8　科特勒行為選擇模型

◎消費心像與星座——「創憶」的仙女棒

消費心像（Consumption Imagery）指的是，消費者類化（Object Categorization）平日接觸的各類消費訊息，加上心理與知覺詮釋，並建構出在日常生活型態中足以代表此詮釋的圖像。而當消費者從一份產品、服務與活動的列表中要做出選擇時，這個心像便會影響他們的選擇。

消費星座（Consumption Constellation）則代表，消費者會將符號和功能相仿的產品歸類在一起，然後將這些商品視為某一種生活型態共同的表徵，並且將自己和某一類商品劃上等號。當消費者自認屬於某一類產品的星座時，他對此星座相關產品的購買機率，就會高於其他。

社會基準（Social Benchmarks）的意義在於，產品的互補關係可以溯源自產品所隱含的文化類型，這在消費者購買產品時占有重要的影響作用。跨產品類型關係的例子有 Tony Lama 牛仔靴配上福特的 Pick-up 貨卡，Gucci 配上 BMW……等。

◎消費心像案例——數位傳訊開幕活動

一、**基本原型（Prototype）**：以開幕為活動事件，以舞台與現場為場景，善用出席名人、現場情境與本案產品結合之整合與置入型行銷雙向並進策略，激發絕大多數民眾嚮往優質科技生活的消費星座與心理圖像，具體落實在本次行銷商品上。

二、**推演邏輯**：

- 商品特色：尖端通訊科技的典型
- 消費心像：科技新貴與社會新富
- 口號（Slogan）：撥打〇九二八，您就會發
- 背書與典型（Endorsements and Symbols）：名人與帥哥美女
- 社會基準（Social Benchmarks）與跨類互補商品：利用BMW、高科技通訊商品等做為舞台設計與現場布景元素
- 置入型行銷（Product Placement）：我最渴望並想要已久的科技通訊商品

三、**實體展現**：活動本身要吸引人，除了場所與情境的塑造必須吻合大眾的消費心像，還必須有引人入勝、動人心弦或引人發笑的情節故事。大眾的心很難聚焦在某一情節上超過一小時，因此整體活動必須分段串連，而且有主有副，出奇不意，連番驚奇，創造高潮，令人回想。

四、預期效益：

- 媒體宣傳：當天活動的場景與商品成為各主要電子、平面媒體報導之重點
- 消費效益：成為第一目標消費大眾的消費心像，並引發第一波搶購熱潮
- 系列話題：帶動並引發台灣新生活通訊時代的風潮

◎越是歡樂的環境，人們越不思考

我們生活的世界是一個連續、複雜、多元變動的環境（Dynamic Complexities），是由「時間」與「空間」相互交替而成的立體，時間隨著直線而連續變動，空間隨著位置而隨勢變動，現存的行為決策難題是，我們越是處在不確定和歡樂的環境中，我們的腦子越不能冷靜思考。

諾貝爾經濟學獎得主康納曼說：「人們不習慣動腦筋。邏輯思考是一個很費腦勁的工作，所以大部分的決定是在很隨意和很直觀的情況下做出的。」

所以，身為創意經濟的行銷人，你應該很清楚，你絕大部分的夥伴都是情感豐富的藝術工作者，他們並不喜歡在過於複雜的時間和空間環境中生活，也不喜歡在這種情境中與人交談。你的消費者在這種歡樂的環境中，更不喜歡有太多的雜訊分分秒秒傳進他的大腦，逼他去做推理與思考。

在歡樂的情境中，人的大腦反應是如何運作呢？人體生理學的測試顯示，當人身處歡樂喜悅的氣氛中時，人體的腎上腺素分泌會升高，此時人擔心風險的意識會隨之快速下降，願意去思考的空間自然更少了。

◎感動行銷的動態立體地圖

螞蟻的視界只有一度的平面空間，所以任何一個衝擊對牠們而言，極可能變成九二一等級的大地震。因此，人的行為決策一定要納入時間的變數，也要考量空間的變數，兩相權衡，才能做出好的策略，消費行為當然不能例外。

因此對消費行為而言，感動行銷必須正視感知的動態立體結構，在時間的年輪上，重視消費者在年紀、生理和心理上的差異；在空間的梯田上則注意社經地位和感知的互動關係，才能夠精確掌握人們的消費行為在時間和空間上的適切互動，創造最佳的感動效應。

我們彙整了行為經濟學的各家重要學說，給予感動行銷一個最簡要的定義，**就是經由行銷的方法，喚醒我們對社群共有的生活和工作態度、信仰、習慣、風俗、價值和規範的記憶，和其價值及意義的認同，進而激發心靈的悸動。**

◎當康納曼遇上江蕙

康納曼是二〇〇二年諾貝爾經濟學獎得主，被公認是繼佛洛伊德之後，當代最偉大的心理學家。他在心理學上的成就挑戰了判斷和決策的理性模式，用社會心理學和認知科學，解釋人們在不確定情境下的不理性經濟行為，又被譽為行為經濟學之父。

效度的錯覺（illusion of validity）是他發現的一個認知錯覺。幾十年前，他觀察在烈日下士兵們如何汗流浹背地解決問題。在那個沒有領導者的小組挑戰測試（leaderless group challenge）當中，康納曼發現證據的數量對品質的預

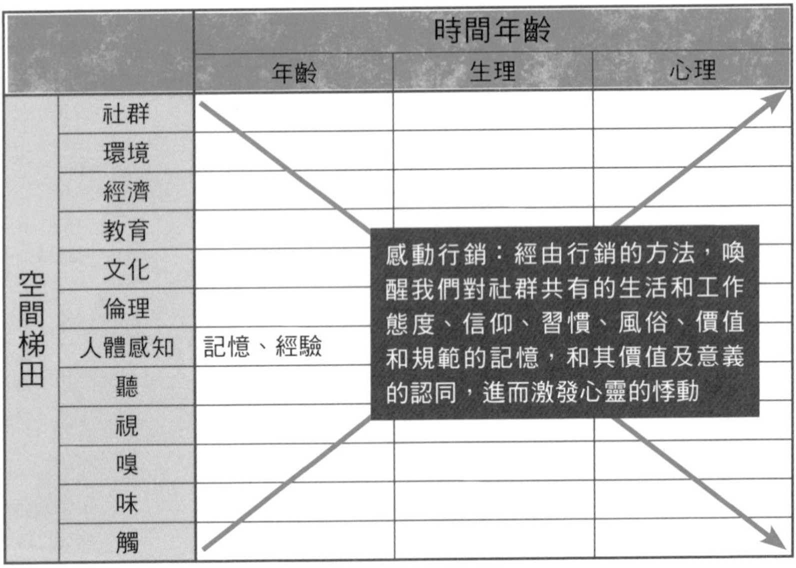

圖 4.9　感動行銷的動態立體地圖

測，其實沒有絕對的關係。就像說故事一樣，少數的證據也能編出很好的故事。我們人生中很多很重要的信念並不需要太多的證據，只要我們愛的人相信這個信念就可以。

仔細想想，我們自己身上發生的某些愛情、友情、親情的故事，就不難發現我們對自己的信念其實沒有太多理性推論，而是來自對情感的自信。這種認知的自信是不符邏輯的荒謬，卻是人們獲得幸福感的過程所需。

江蕙是知名的台語歌手，她唱的許多歌曲十分動人，特別是詮釋男女和夫妻感情，無論詞曲唱腔都唱進人的內心世界。「家後」是她近年最膾炙人口的一首歌，描述一位年邁婦人對她夫婿一生的恩愛情義。這種夫妻的愛，無怨無悔、無時無刻，因此令人動容。這種情感當然不用太多的證據理由，不然一場動人的故事，豈不變成無情的買賣？

創意的價值，正是它既談理論、又講情感的人性本質。康納曼的理性遇上江蕙的感性，兩者各有天地，彼此交融的境地，也正是許多藝術創作動人的泉源。

第五樂章

天使資本

當林志玲遇上巴菲特

Angel Capital

何小台吉他獨奏

從創意、創業到創投

「Mu$ic to hear，創意產業不但要賞心悅目，更要發出提款機的悅耳樂聲。」

——中央研究院院士胡勝正

你曾在網路上看過這麼一則故事嗎？

有位貌似當今紅星安潔莉娜．裘莉（Angelina Jolie）的妙齡美女，有天突發奇想，到美國紐約華爾街公開網站貼出她美若天仙的照片，公開徵婚。當然，她也提出了金龜婿的條件：未婚、三十五歲以下、身強體壯、一百八十公分以上、體重八十五公斤以下，最後，年收入必須一百萬美元以上，才能讓夫妻倆過著王子公主般的生活。她想，憑她的條件，一定有一堆男人上網表示愛意。但是，結果令她大感意外，居然大半個月連一封訊息也沒有。

有天，一位五十歲的男人終於發了一封信給她，內容寫著：美女呀！我不是來徵婚的，但是，我打賭妳到現在一定連一封信都沒收到。我是做投資的，投資的習慣當然是投那些未來會上漲的標的。現在是妳最有價值的時候，然而妳一結婚後，行情就會快速下跌。像我一樣從事投資的那些華爾街年輕貴族，是不會從事這種交易的。

的確，投資，就是要資助那些未來會上漲的東西。本章所探討的天使資本（Angel Capital）、天使投資人（Angel Investors）亦然，秉持著西方文化中象徵純潔及樂於助人的「天使」概念，在複雜而冷酷的商業社會中，為創業者——特別是年輕的創業者，提供種子資金（Seed Capital）及經營管理方面的指導及協助，讓創業者得到成功；當然天使投資人也會從創業者的成功中，得到投資上的回報以及情感上的滿足。

由於抱持著「天使」這種激發人類俠義精神的文化概念，萬一在努力之後仍然投資失敗、損失金錢，天使投資人還是會微笑地檢討得失，諄諄教導創業者把握教訓，在以後的人生道路上不要重蹈覆轍。天使投資人會繼續在人間飛翔，挑選有潛力的創業者，興致勃勃地幫助需要資金和教導的創業者！

◎天使——無情商業世界中的有情人

天使資本及天使投資人是個非常有創意的概念，在冷冰冰的商業世界中融進文化思想，使**有資金與經營管理經驗的商場老將，願意減低對投資回報的極端追求，投下小額資金並對創業者施以嚴格的教導，使他們能夠在現實的商業世界中存活並持續發展。**

天使投資人這個西方名詞和概念，最早是一九〇〇年代出現在美國百老匯舞台劇中，事實上，美國是最早發展天使資金和天使投資人的國家。後來世界各國也跟著這個潮流，逐漸出現天使投資人。

如果從我們的視角來看，很可能會聯想到「觀音」這個深烙華人心中的名詞。台灣近年來因經濟不景氣，許多廟宇都會在農曆新年時舉辦「觀音開庫」的活動，就是廟方在請示神明後，經過擲筊過程，把貸金無條件地貸給需要小本創業的民眾，而擲出聖筊得到貸款者，在滿心歡喜的同時也會對菩薩許願，表示自己賺錢後會把本錢還給神明，並再捐香油錢酬謝。香港、新加坡等華人社會也有相同做法，但有些廟宇可能是發給一張寫著資金數的紅紙，而非真正的金錢，主要目的是給個好兆頭以鼓舞人心。無論如何，天使和觀音都是在無情世界中，給人溫暖和幫助的有情象徵。

正如觀音菩薩賜給民眾的資金一樣，通常天使資本的金額不會太高，大概在新台幣一百萬到兩百萬之譜，主要是做為創業者度過創業第一階段的市場調查和產品研發之用，並維持到創投公司的進入。當然，正因金額不高，對天使投資人來說可以負擔，所以也能幫助多位創業者。

當然，在商場打滾多年的商場老將，是兼具理性和感性的，不會只側重溫情而完全放棄追求投資回報，只是在設定投報率方面會較為寬鬆，得失之心也較不嚴重，在斤斤計較的同時會把自己的心弦調鬆，給自己和別人更大的彈性空間。對天使投資人來說，投資就是做生意，也是一種人生修練，更是一種帶著大家共同進行的修練。做生意一定要嚴肅以對，人生修練更是嚴肅百倍的課題。

◎當林志玲遇上巴菲特

你如果期待我們在這一段告訴你「美女和富商」的愛情故事，那麼，你就要大失所望了。我們要告訴你的是有關「品味」在創意中的價值。

蘋果創辦人賈伯斯、微軟創辦人比爾·蓋茲創意的最高境界，就是品味。它是品質加上風格的人文展現。世界首富沃倫·巴菲特也充分具有這項特質。他創造了許多企業成功的故事，靠的不只是他雄厚的財富，更是他堅持「一流的企業，必須有一流的人才，一流的人才必然有一流的品格」這個守則。

巴菲特的領導風格向來以堅毅果決、冷靜理智與臨危不亂著稱。他每次都將他打算讓公司重新揚眉吐氣的正面訊息，傳達給所有員工、客戶、股東和社會大眾，以一九九一年八月二十六日，他向索羅門公司員工發表的講詞為例，他一開頭就強調，現在，最重要的是：當我們擁有正確的觀念，它便能引導我們的行為，最後亦將讓世人對我們產生正面的看法。

創意最高價值的品味，就是這樣創造出來的，而它正是引發投資意願的關鍵點。

◎創業是怎麼一回事——Amazon因天使而偉大

天使投資人對創業者來說，是一種非常夢幻的解決方案，他們極端渴求天使的出現和幫助，卻無法確定是否真的會有天使出現。首先我們得了解，創業是件非常困難的事，在財務方面來說，就有所謂的死亡幽谷（valley of death），是每一名創業者都必須面對的，走不出來就得葬身於此。

在創業初期，創業者就會身陷死亡幽谷（見圖五・一），因為所需要的種子資本一般都是來自創業者個人、家人和親友，銀行和創投業者會小心地觀察，不會貿然地投入資金。然而靠個人、家人和親友的資金實在有限，往往還沒有正式啟動市場調查、或產品研發才進行到一半，資金就用完了，這時就會猛然發現自己竟走進了死亡幽谷之中。

這時，天使投資人出現了，經過一番理性的評估，認為這是有潛力的企業，天使就會投下一定的資金，補足不夠的種子資本，讓企業能完成市場調查和產品研發，真正地啟動起來。

企業走出死亡幽谷之後，開始有一定的表現，業務快要打平的時候，就是創投公司願意進來的時候。有了創投的資金挹注，公司發展更為蓬勃，把握著向上的氣勢推動第一次公開募股（IPO），開始進入大眾資本市場，這時創業者便完成了第一階段的創業。

我們可以看看美國亞馬遜的創業案

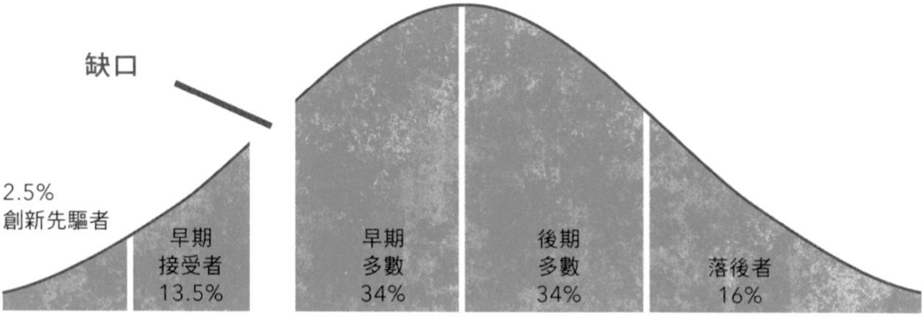

人們對於創意接納態度的變動（Overall Attitude）

◎ 對於改變信念的強度和系統的反應速度
◎ 對於系統安全度的感知和信念
◎ 對於系統透明度的感知和信念
◎ 對於系統經濟度的感知和信念
◎ 善用行為經濟學、文化人類學、認知心理學和人因工程等，跨越死亡幽谷的障礙

死亡幽谷（valley of death） 指的即是，點子或概念發現後，到吸引別人願意投資之間的差距。

圖 5.1　跨越創意的死亡幽谷

例：一九九四年七月，貝佐斯（Jeff Bezos）創辦了亞馬遜網路書店（Amazon），他投下自有資金一萬美元，同時還借貸四萬四千美元；一九九五年二月他的父母一共投下二十四萬五千五百美元；接著八月有兩位天使投資人投下五萬四千四百零八美元；十二月出現一群天使，二十位天使總共投下九十三萬七千美元，但資金還是不夠。一九九六年五月，貝佐斯的兄弟姐妹們投下兩萬美元，這時終於有兩家創投公司在六月進來，一下子就投入八百萬美元。一九九七年五月首次公開募股，釋出三百萬股，共募得四千九百一十萬美元。

亞馬遜在創業初期，得到二十二位天使投資人共九十九萬一千四百零八美元的投資，進而迅速地在三年之間創業成功，這二十二位天使不斷挹注資金，正是其成功的重要助力。

◎創業者要在不同階段，向不同投資者尋資

創業者在創業過程中，除了自身資金和來自父母親友的資助外，通常還可以向天使投資人、金融風險投資（Financial Venture Capital）和戰略風險投資（Strategic Venture Capital）尋求投資。由於上述三者的定位和功能不同，投入金額和追求的投報率等也有所不同，所以創業者應在不同階段向不同的投資者尋求投資。

以天使投資人來說，通常是具備企業背景的富有個人，如企業家、企業高級主管等。與創投公司不同的是，天使通常是在創業早期投入小額資金，以美國的情形來說，一般小於一百萬美元。可以這樣說，天使投資人主要是帶領創業者走出創業旅途中的死亡幽谷，並在成功後的適當時機退出，獲利了結，再去帶領另一名渴望天使幫助的創業者。

金融風險投資大多是一般的創投公司，資本募自個人及機構，其基金規模由兩千五百萬美元到十億美元，退場則是透過公開募股以及合併和收購（Mergers & Acquisitions）的途徑。

戰略風險投資則是大科技公司下的一個小部門，如英特爾（Intel）、思科（Cisco）、西門子（Siemens）等大科技公司。此部門的成立目的是做策略性投資，對投資回報率較不關心。

上述三類投資者，只有天使投資人是在創業者最小、最弱的創業初期進入投資，並提供自己的管理經驗甚至相關人脈，正如中國俗語說的「燒冷灶」；而創投公司是等灶燒得快旺時才進入，也不會提供管理上的幫忙，兩相比較，難怪西方會用聖經中的天使，來比喻這種願燒冷灶的投資人。

◎天使的面貌——天使投資人和創投公司的主要差別

或許有人會問，為什麼創投公司不能扮演天使？而要由一些個別的有錢人、在職或退休的老闆及主管來扮演？或許可以這樣說，因為創投公司是非常嚴謹的企業組織，快速追求絕對的利潤，甚至可說這是其天職；而個別的有錢人以自己的金錢來投資，比較沒有追求絕對利潤的壓力，而創業者初期最需要有人肯投資並願意幫助其經營管理，這個需要正好可由這群有錢人填補。扮演天使是快樂且有趣的事，只要眼光準，賺錢並不是難事，而且對社會有益，所以許多事業有成的有錢人樂於扮演天使。

這些商業世界的天使雖然並沒有潔白閃亮的翅膀，但他們在自己熟悉的領空中飛翔自如，姿態優雅。在美國的情況是：他們通常是在職或退休的企業老闆及主管，大多為自雇者，年紀在四十七歲左右，年收入約十萬美元，大學畢業，身家約七十五萬美元，每次冒險的投資金額約三萬七千美元，比較喜歡投資自己專精的領域及本土企業。

天使投資人和創投公司的主要不同之處在於，天使投資人有幾個特點：

一、企業家，拿自己的錢投資。
二、在創業者的公司早期而且規模極小時就投資。
三、對所投資企業的事前了解做得最少。
四、關心所投資企業的設立地區。
五、合約內容簡單。

六、投資之後積極地參與經營、涉入管理。
七、對如何退出所投資企業較不重視。

創投公司的特點則是：
一、理財經理人，用基金投資人的資金。
二、在創業者的公司發展到中型至大型時投資。
三、對所投資企業的事前了解做得鉅細靡遺。
四、比較不關心所投資企業的設立地區。
五、合約內容繁複。
六、投資之後只做策略性的意見提供，對管理的涉入較不關心。
七、對如何退出所投資企業高度重視。

不管創業者面對的是天使還是一般創投公司，都必須經過層層篩選關卡才能抓住機會，得到資金挹注。

天使和創投公司一樣，對創業者都有嚴格的評估標準，在開始時創業者要做創業簡報，言簡意賅地讓投資者很快了解創業構思和產品潛力；第二步則是介紹自己的管理團隊和營運計畫，這時就面臨了第一步的篩選，如果沒有被淘汰，就進入更深入的具體評估，如管理、個人、行銷、產品、財務……等，都要精細地逐一了解清楚。第四步就是雙方展開談判，其重點是：再次深入評估所有權、管控、管理，最後簽約。等到四個步驟都完成，創業者才算是抓住機會，得到資金。

根據美國的統計數字：平均一千個創業計畫之中只有六個能夠通過，只有一〇%的計畫書能通過初步篩選；在入圍的計畫書中，只有一〇%能通過嚴格的具體評估以及拿到資金。

◎驅動天使的力量是什麼？

驅動天使的力量包括了文化上、心理上的力量，這是比較抽象的層面；而最具體、最有動力的則屬下述的商業力量：

一、投資回報率

二、大滿貫全壘打：如早期投入十萬美元到亞馬遜，在其首次公開募股時可以換取兩千六百萬美元。早期投入五十萬美元到Facebook，在其首次公開募股時可以換取二十六億美元。

三、回饋大眾

四、繼續參與並發揮影響力
五、可發揮個人的能力和拓展接觸層面
六、幫助創業家把對的事做對

至於天使投資人成功的關鍵因素大致為：
一、高度的交易流量
二、擁有該行業的知識、技能及人脈
三、對管理團隊充分信任
四、勤於學習，對市場和技術一直保持了解
五、非常清楚所投資公司的營收模式
六、對所投資公司有紮實的評估
七、對流動性風險有完全的了解
八、對下一回合的財務需求已在規劃中

天使投資人的總體投資情況如何？請看最早發展天使投資的美國在二〇一一年的統計數字：

- 二〇一一年共有三十一萬八千四百八十位活躍的天使，比二〇一〇年增長了二〇%
- 投資金額共兩百二十五億美元，投資案共六萬六千兩百三十宗；創投公司為兩百八十四億美元，投資案共三千七百五十二宗
- 平均每一公司投資額為七十萬美元，比二〇一〇年提高四〇%
- 約有四〇%到五〇%的投資案以失敗結案

◎美國天使的概況

「不管是天使投資人還是創業者都需要企業家精神，企業家精神就是追求機會，而不考慮目前手上所能握有的資源。」

——哈佛教授史蒂文生（Howard H. Stevenson）

企業家的關鍵特質包括了：自尊、熱情、一諾千金、知識、技能、訓練能力、遠見、領導力、經驗、正視現實等等。

美國是最早發展天使投資人和天使資本的國家，近二十年來培育了震驚世界的多家大型企業，如亞馬遜、Facebook 等，這些偉大的傳奇一一在世人眼前真實展開，大家看著它們由最初的創意，到大膽創業，到搖搖擺擺地上路，不斷地從挫折中掙扎成長，如亞馬遜在網路泡沫時期股價一度跌至六美元以下，但現在的亞馬遜已是世人稱羨的創業典範。

亞馬遜漫漫的成功路上就有成群結隊的天使出現，及時澆灌如甘露般的資金，當然天使們也因亞馬遜的成功而得到金錢回報和心理滿足，這是個非常成功的案例。但不要忘記，現實世界中其實有更多失敗的慘痛案例，只是不為世人所記取而已。

中國古典文學名著《紅樓夢》中，神瑛使者（賈寶玉前世）每天情意綿綿地以甘露灌溉絳珠仙草（林黛玉前世），但林黛玉還給賈寶玉的報酬卻是一輩子流不完的眼淚，這可能是最慘痛的投資結局了。

先來看看美國成功的天使公司概況。美國天使投資的流程大致是：

一、案子簡報

- 討論標的物、評估價值、回收模式……等
- 草擬或覆閱 PowerPoint 簡報
- 估計企業價值及提出價格

- 安排與創業者及管理團隊見面

二、正式訂定調查流程

- 對各種提問及要求做出回應
- 評價投資者
- 積極管理流程
- 安排各種管理會議
- 評價及商議有關事項清單

三、投資評審委員會

四、商議投資協定

在進行天使投資的流程之中，也要留意每個階段當中的要點，例如案子簡報時的重點是：

- 公司的商標
- 行業整體概況描述
- 管理團隊

- 市場
- 產品
- 營運模式
- 策略性的人脈關係
- 競爭
- 進入障礙
- 財務整體概況
- 資本和價值

進行天使投資的時間流程大致為：

- 案子簡報，三週
- 調查流程，二週
- 投資評審委員會，二週
- 相關項目商議，一週
- 定出天使投入金額，二週

- 指派其中一名天使擔任訓練者或導師，一週
- 發展新的營運計畫，十五週
- 與創投公司開會，八週

評估投資的過程中，評價和定出價錢是合作成敗的重點，而下述諸點正是這個過程中的關鍵：

- 公司處在什麼時期？萌芽期、早期或晚期？
- 創投的投報率？萌芽期的五五％到六〇％，早期的三〇％到五〇％，或晚期的二〇％到三〇％？
- 有沒有其他可資比較的公司？

◎天使投資案例——矽谷最早的天使Band of Angels

美國天使投資人所組成的著名公司有：Band of Angels、Tech Coast Angels、Golden Seeds、Central Texas Angel Network、Launchpad Venture Group……等。至於這些飛翔中的天使是如何實際操作投資事務的呢？就以美國最早成立的Band of Angels為例吧！

Band of Angels是一個正式的組織，共有一百二十多位成員，這些成員曾任或現任高科技

公司主管，都有興趣投入自己的時間和金錢於最尖端的新公司。該公司成立以來曾投資超過兩百二十五家公司，其中五十家是在有利可圖的併購情形下退出，另外還有九家在那斯達克首次公開募股。

Band of Angels成員曾創辦多家著名的高科技公司，如賽門鐵克（Symantec）、羅技（Logitech）、國家半導體（National Semiconductor），有些是高科技公司資深主管，任職於昇陽（Sun Microsystems）、惠普（HP）以及Intuit等企業。

該公司自一九九四成立以來創造了三千多個工作機會，總投資金額達一億零六百萬美元。

Band of Angels的成員每月開會一次，以正式考慮初步篩選出來的三家公司。該公司訂有一套篩選流程，每月會從五十多家公司中篩選出三家，供成員們正式討論。創業者會被徹底地質詢，而這份投資很可能會來自矽谷最有成就的企業家們。

該公司專門投資高科技公司，一般不會考慮新成立的非高科技公司。自一九九五年以來，其投資分布為軟體業二六%、生命科學及生技業一七%、半導體業一四%、網路服務業一三%、網路及電信業一二%、其他一〇%、電子業八%。

該公司設有一個五人組成的主席委員會，由成員們輪流擔任，他們各就高科技的各個部門，如生命科學、生技、能源、電信、安全、軟體以及網路等，做出抉擇。另外還有一個案子篩選委員會，由七位成員組成，也是大家輪流擔任，主要工作就是從高科技行業中挑選值得投資的公司。

Band of Angels的投資做法是，對於選中的公司，會在二至三年之內投資五百萬到一千萬美元，設定的回報在五百萬美元或十倍左右。因此，被選中的創業家要知道Band of Angels的「退出日」就是「付款日」，要好好把公司經營好才行。

在決定投資之前，必須把有關事項列出詳細的清單，並把雙方商議定案的細節一一寫出，做為簽約的重要部分，這份清單包括的事項為：

- 資本（capitalization）
- 優先清算（liquidation preference）
- 贖回權（redemption rights）
- 轉換權（conversion rights）
- 自動轉換（automatic conversion）
- 反稀釋（antidilution）
- 投票權（voting rights）
- 里程碑（milestones）
- 參與權（participation rights）

- 註冊權（registration rights）
- 訊息權限（information rights）
- 共同銷售權（co-sale rights）
- 股票或期權的歸屬（vesting）

◎天使投資案例——SV Angel 投資 Facebook、Groupon 等公司

SV Angel 是一家微型的創投公司，設立於矽谷。兩位天使投資人羅恩．康威（Ron Conway）和大衛．李（David Lee）合力創辦這家公司，專門提供資金給創業早期的公司，其投資重點為網路、電子商務（e-commerce）、訊息科技市場……等。

SV Angel 的資金來自外部的投資人以及行業內的合作夥伴，該公司在二〇一〇年宣布其資金規模已達兩千萬美元，原本只想募一千萬美元，沒想到竟募到兩千萬美元，比原來的目標多出兩倍。二〇一一年該公司已達成八十多件新投資案，這是美國《財富》（*Fortune*）雜誌得到的一份可靠文件所發表。

該公司的某些案子是早期進入，但也有晚期進入的例子，如在 Groupon 公開上市之前的數

月才投資。SV Angel 宣稱對兩百九十家公司進行投資，其中包括 Facebook、Foursquare、Gerson Lehrman Group、Square、Twitter 以及 Zynga。

◎天使投資案例——Launchpad Venture Group

Launchpad Venture Group 是以波士頓為基地的一家天使投資集團，專門在創業早期提供資金給一些創新、科技導向的新創公司。該公司有六十多位活躍的投資人，來自不同的背景和專業，包括科技、財務以及服務團體等。一般情形下，該公司會投資十萬到五十萬美元，同時與創業者合力經營，以持續朝下一階段發展。Launchpad Venture Group 協助企業招募新的管理人員，發展策略性夥伴，使產品策略更為縝密可行，以及募集下一階段的風險基金。

從天使、評價到資本

決定一個新創事業的成敗有四個要素：人員、機會、時空、風險與報酬。而一個創業家必須嚴陣以對的問題是：一、我是否明確界定目標？二、我是否制定正確的策略？三、我能執行既定的策略嗎？這是哈佛商學院教授沙門（William Sahlman）和塔夫斯大學教授阿瑪・拜德（Amar Bhide）兩位創業家向你提出的問題。

「你們有沒有興趣跟我一起改變台灣的創意生態？」政大教授何小台和他的IMBA／EMBA學生，共同成立了台灣第一個天使資本。

近年來，台灣的就業生態發生急遽的變化，另一方面年輕人也熱切期望可以展現自己創新的想法，因此「創業」成為新生代另一個投入市場的方式。而創業的下一個階段就是「創投」，也就是吸引創投基金的投入。

但是，從創新到創業到創投的過程中，台灣的創業生態還有很多待解決的問題。年輕人初出茅廬準備創業之時，很難找得到資金挹注，這時期的資金來源通常是所謂的3F：Founders（創辦人本身）、Friends（朋友）、Family（家人）。創業者大約要自行投入兩三千萬後，創投公司才會進入深度評估。在這樣的情況下，從3F到創投之間有一條很難跨越的「死亡幽谷」，而天使投資就是度過死亡之谷的翅膀。**天使投資除了提供資金以外，更重要的是天使們願意提供豐沛的人脈與經營的經驗。**

◎美國的天使投資集團運作方式

天使投資最早發生在美國，目前天使投資最活躍的地區也是美國。在美國，最有名的天使投資是Band of Angels，這是約一百二十人、成立於矽谷的天使集團；另一個類似的機構是LaunchPad，大約由六十人組成。這些天使們的獨特之處是具有豐富的企業管理經驗、成功創業經驗、也知曉賺錢祕訣，而天使投資便將這些資源整合在一起。

天使投資集團在美國，是以執行長來經營，並設置投資評審委員會；在投資案源方面，則由全體天使以在企業界豐富的經驗與人脈來接觸新創公司，並集中於集團內初步篩選；初步篩選通過後，再邀請新創公司來做創業計畫簡報；簡報以後再經過討論與深度評估，若深度評估結果通過後，即開始投資條件談判。

在美國，一般的天使投資是一分錢一股，也有可能是如祖克柏（Mark Zuckerberg）創立Facebook的時候是〇．一分錢一股。如果創業家投入一分錢的話，天使投資可能會用高於數倍的價錢去購買該公司的股票，待公司經營順利、第一輪創投公司進場時，通常已是數十倍甚至數百倍的價錢投入，如此即可有效提升公司價值。

◎屬於台灣的天使——台安傑天使投資集團

以政大IMBA／EMBA為核心的天使資本，我們希望每位天使投資的成員除了投入資金，也要投入他們獨特傑出的產業經驗，並且必須真正有意願加入這個計畫才行，而這也就是天使投資最大的功能與特色。至此，台安傑（Taipei Angels）天使投資集團正式成立。

這一群初生的天使就這樣在何小台教授的帶領下展開計畫。半封閉式的團體未經過公開招募，目前維持在三十七人，未來預期擴展到八十至一百人。我們期望進來台安傑的人都是對的人，未來希望由既有成員兩位以上推薦再經過篩選，找到願意為台灣付出的天使們。

目前台安傑天使投資分為三個投資小組，每組各有一位主委擔任召集人，三組分別為資訊通訊科技產業（ICT，Information、Communication、Technology）、生技醫療與綠能環保產業、創意產業，每組各有十多位成員。目前公司的董事長由簡淑真擔任，另兩位董事分別為苗華彬及楊修銓。何小台教授雖然號召成立台安傑天使投資公司，但並未擔任任何職位。

台安傑全體天使都把這當成極富意義的志業。每個月都有只開放股東參加的「三三聚會」，也就是在每個月第三個星期三股東齊聚一堂，共同聽取由新創公司所做的專案簡報。新創公司由ICT、生技綠能、創意產業等各組主委與成員初步篩選及邀請，三三聚會後經過討論與問答，再投票決定是否進行深度評估。若決議要進入下一步的深度評估，即由主委推派成員至新創公司進行深度訪談，進一步了解可能投資標的的狀況，再向由董事與主委組成的投資委員會報告，之後再由投審會決議是否投資該標的，進而研擬投資條件。

◎台安傑天使投資期望造福台灣

台安傑目前已有多個投資標的持續進行中，但台安傑投資每一家標的都有一個大原則，就是因為這家公司的存在與成功，將會使台灣或世界變得更好。

以已簽約投資的精緻農業公司為例，現今社會老農凋零，年輕人又不願意投入農業，因此在保有農田農作的期許之下，轉化傳統農業為精緻農業，將農產品以類似伴手禮的方式重新推入市場。以天使們擅長專精的企業營運模式，幫助農人成立股東會、建構交易平台、加強電子商務、落實不間斷的商品計畫、提供具可行性的創新行銷計畫，讓新創的精緻農業公司能夠持續正常營運並進而獲利。

台安傑期望用這樣的計畫，創造出有效的營運模式（Business Model），吸引年輕人洄游家鄉貢獻己力，同時也將部分利潤回饋給老農們。如此一來，我們與農人就能成為既是夥伴、又是投資人的緊密關係，期許改變台灣的農業生態，進而為年輕的創業家們創造新的獲利模式，最終達到大家互助共榮的理想狀態。

目前台安傑天使投資公司平均一個半月左右即投資一家新創公司，一旦決定投資，就會派兩位最適合的天使擔任指導（Mentor）或是教練（Coach），並依據需求號召其他天使們階段性協助新創公司。

台安傑天使投資最大的資產，就是所有天使股東在產業界的豐富實戰經驗，以及期望回饋台灣、扶植年輕人的信心。台灣需要新的投資模式、新的成功經驗，相信台安傑天使投資就是幫助台灣年輕創業家振翅飛翔的守護天使！

◎天使要幫助創業者站起來，而不是予以取代

在天使投資進場時，很重要的原則是要讓創業者與投資人達成平衡，這個平衡不單指資金的平衡，更指雙方在投資心態上的平衡。既然是天使投資，投入資金與實際占股比例就不會如股份公司一般實質計算，天使投資會先評估該投資標的價值與發展性，再依個別狀況談判投資條件，但大方向是無論投資多少資金，都不會持有比創業者更多的股份，這樣的模式不但可使創業者保有公司營運的自主性，且會有較高的意願持續投入公司經營，再加上天使在人脈業務及經營管理上的協助，創業者成功的機率即可大幅增加。

◎天使投資的祕密

天使投資在美國非常發達，隨之而興起的有專門為天使投資人提供相關知識和服務的公司，其所扮演的角色類似管理顧問公司，只是更專精於天使投資這一領域。其中一家Growthink公司，是這類公司的佼佼者，這家成立於一九九九年的公司，擁有一千多位客戶，也曾得到美國《華爾街日報》、《商業周刊》以及《企業雜誌》等媒體報導。該公司在這方面經驗豐富，看過許多投

資成功的案例，也看過失敗案例，該公司以其對天使投資的服務經驗及對創業公司的了解，提出有關早期投資的整體概況，以及歸納出投資成功的幾項關鍵方法。

該公司舉出一些實例，說明天使投資的回報是豐碩的，如 Google 的第一位天使投資人貝克托辛（Andy Bechtolsheim）在一九九八年開出一張十萬美元支票，投資還沒上市的 Google，到了二〇〇八年，這筆錢變成約十五億美元！

二〇〇八年三月，社交網站 Bebo 被賣給美國線上（AOL），價錢是八億五千萬美元，投資人在十八個月前的投資竟然得到九倍的回報，而最原始的投資人很有可能得到一百倍的回報。確實有許多案例顯示，在第一次公開上市之前的早期投資獲得豐碩的回收。

◎天使投資不是慈善事業，往往回報豐厚

天使投資就是早期投資於有潛力的新成立公司，與創投或私人的股權投資基金等組織相比，通常是個人投資者較多。一旦個別投資人對某新成立公司做出投資，就必須被歸類為「經認可的投資者」（Accredited Investors），這個定義是：

- 在購買某新創公司時，一名自然人擁有的個人財產淨值，或與其配偶的共同淨值，在一百萬

美元以上。

或是：

● 一名自然人近兩年來的年收入超過二十萬美元，或與其配偶的年收入加起來超過三十萬美元，以及當前年度可合理預期相同收入水準。

根據湯姆森金融公司（Thomson Financial）所蒐集的二十多年資料，這種對企業的早期投資經一段長時間後，所得之回報遠超過其他所有投資方法，平均年回報率超過二〇．六%。根據二〇〇六年的資料，天使投資人投入的資金總共達兩百五十六億美元，與創投公司所投入的總金額兩百六十億美元旗鼓相當；而後者只投資了四千家美國公司，前者則投資五萬一千多家。二〇〇六年約有二十三萬四千名積極活動的天使。

◎成功的天使投資案例

我們都知道許多公司在首次公開募股時非常成功，如Google（其最初投資是十萬美元），Intuit（其最初投資是二十二萬五千美元）；我們也知道有許多購併成功的案例，如YouTube（成立才十八個月，Google便以十六億五千萬收購）、PayPal（eBay以十五億收購）、MySpace（新聞集團以五億八千萬收購）。

許多小型公司都使早期投資者成為富翁，這些公司包括：

- About.com，被《紐約時報》（*New York Times*）以四億一千萬收購
- Advertising.com，被美國線上（AOL）以四億三千五百萬收購
- Affinity Labs，被怪獸公司（Monster Worldwide）以六千一百萬收購
- AllBusiness.com，被鄧白氏公司（Dun &Bradstreet）以五千五百萬收購
- Aruba Network，首次公開募股即募得十億
- Club Penguin，被迪士尼（Disney）以三億五千萬現金收購
- Fraud Sciences，被 PayPal 以一億六千九百萬收購
- Glu Mobile，首次公開募股即募得三億七千一百萬
- Last.fm，被哥倫比亞廣播公司（CBS）以兩億八千萬收購
- Mellanox Technologies 首次公開募股即募得五億七千九百萬
- Orbital Data Corporation，被 Citrix Systems 以五千萬收購
- Overture，被雅虎（Yahoo!）以十六億三千萬收購
- Photobucket，被 Interactive Media 以三億收購

- Speedera Networks，被Akamai以一億三千萬收購
- Skype，被eBay以二十六億收購
- The Generations Network，被Spectrum Equity Investors以三億收購

由於每家公司的首次投資額平均約兩百五十萬美元，早期投資者可以得到二十到一千倍的回報。以下是Growthink歸納出來的投資成功關鍵方法。

◎天使投資關鍵一——在對的地方找出最佳交易

二〇〇八年二月，美國著名的美食家瑪莎．史都華（Martha Stewart）創辦的Martha Stewart Living Omnimedia宣布收購Chef Emeril Lagasse的所有資產，其價值應為七千萬美元。瑪莎透露，她與Chef Emeril Lagasse的老闆認識二十多年，早在他開辦第一家餐廳之前，兩人就是朋友。瑪莎其他競爭對手更適合收購Chef Emeril Lagasse，因為他們早已建立良好關係。天使投資人也是如此，有良好的人際關係可能更方便找到新的投資機會。

下述四點可協助個人投資者或組織找到「百裡挑一」的好案子：

一、**人脈：**知道如何找到「對」的人，從「對」的人可以找到「百裡挑一」的公司來投資。

二、**聲譽：**掌握高品質案子的紀錄。

三、**線上布局：**建立一個著名的網站。

四、**實體活動：**如參加貿易展以及各種活動。在私人投資圈以及著名企業家的活動圈中建立自己的權威形象，會掌握許多良好的投資機會，而這是一般民眾無法知道的。

◎天使投資關鍵二——確認營運計畫是否足夠周密

蘋果公司在二〇〇一年早期推出 iPod 系列產品以來，已賣出約一億四千兩百萬台 iPod，其成功的原因為何？很簡單，就是這些產品的市場規模非常龐大（MP3 市場在二〇〇一年已達五千萬美元，而且一路快速成長，二〇〇六年已達二十億美元），而且消費者需要蘋果公司的特色（如簡單的介面、高儲存量、吸引人的外觀），加上蘋果公司比傳統電子公司有更強的競爭力。

在決定投資之前，要嚴格地確認該企業的營運計畫及模式都是健全的，不拘於創業公司提出的產品或服務是多麼炫麗。在審視營運模式時，精明的投資人要確認合乎下述三個條件：

一、你準備投資的公司，其產品及服務確實有一個巨大且正在成長的市場。舉個例子，雖然美國的保健市場是一個上兆美元的市場，但沒有一家公司可以擁有上兆的銷售量，所以，該公司所競逐的市場是保健市場中一個特別的利基（niche）市場，這就是「中堅市場」（或許是專門治療某種病的某種藥物）。

投資者必須認知到，有些公司宣稱自己正在一個巨大市場中競逐，通常意味著他們並沒有充分了解市場或是自身的真正潛力。

要評估一個中堅市場，投資者必須有信心，肯定這個市場是成長的，這個產品或服務確實為消費者所需要。但這必須由可信的第三者來評定其市場規模和趨勢，而非出自該公司自己的意見。例如，這個市場的消費人口數、這些消費者在人口統計學上的意義、這些消費者目前所購買的產品或服務……，所有吹毛求疵的評估都要涵括進來，以確實把握該公司所說的市場確實存在。

二、該公司具備競爭實力。許多尋求外界投資的公司都有堅強的信念，但在競爭優勢方面並沒有準備好。自我宣稱沒有或是幾乎沒有競爭對手的公司，我們要有所質疑，因為這意味著一個真實的市場可能不存在。只要提供產品或服務以滿足相同需求的任何一家公司，都得被認定是競爭者。投資者必須得到保證，該公司不但能滿足未滿足的客戶需求，還能建立堅實競爭力，在短期和長期都能發揮出最好的表現。

三、該公司有一套踏實的財務規劃。一家公司的財務規劃應該踏實，而且必須嚴格要求。如果財務規劃在市場滲透力、經營利潤率以及每一員工的收入等方面，都顯示出理由不充分、內部互相矛盾或是不實在，都會嚴重損害該公司的成功機會。嚴重的是，不完美的財務規劃通常會導致現金用盡，無以為繼，這很可能就是新投資失敗的主要原因。

◎天使投資關鍵三——評估管理團隊執行力是否強大

「破釜沉舟」是我國歷史上極有名的典故，出自秦末的鉅鹿之戰。項羽為報叔父項梁之仇，親率兩萬精兵進攻章邯，渡江前命令兵士打破煮食用的釜鑊，渡江後鑿沉船隻，只帶三天乾糧，最後於鉅鹿大敗秦軍。這個故事告訴我們：做任何事一定要下定決心，義無反顧，爭取勝利，否則就會敗亡。

對領導人來說，項羽就是一名非常好的主管，能帶領大家打勝仗。關鍵在於公司都是由人所組成的，如果管理團隊強，那麼公司大致上都是強的；反之，公司的前景就會相當黯淡。因此，投資人在決定投資之前，要先評估其管理團隊是否有執行能力，評估的四個要點如下：

● 管理團隊的背景為何？
● 他們都是在其領域受尊敬的領袖嗎？
● 他們有成功的紀錄嗎？
● 管理團隊以前都是合作無間，而且都是成功的嗎？

一個強大的管理團隊幾乎就保證了成功的機會，如果成功的機會不大，那麼這些有才幹的個人，就會把精力轉投到別的地方。

第六樂章

啟動奇思

當賈伯斯遇上徐悲鴻

Igniting Creativity

范揚松鑼鼓獨奏

從創意、創造到創新

蘋果電腦創辦人賈伯斯，或許不是最佳經理人的典範，他狂妄、自戀，是個標準的完美主義加菁英論者，還認為大部分的人都是笨蛋。但他永遠追逐創新的想法和行動，卻也是造就蘋果電腦如此獨一無二的企業哲學。

賈伯斯的創新方程式，就是「借用」與「連結」。談到創新，賈伯斯總愛引用畫家畢卡索的名言：「好的藝術家懂複製，偉大的藝術家則擅偷取。」他從不認為借用別人的點子是件可恥的事。「借用」與「連結」，是賈伯斯給的兩個創新關鍵字。但前提是，你得先知道別人做了什麼。創新的對象，正是那些感到不滿意和不滿足的人。

國畫大師徐悲鴻的自書對聯畫室中，掛上了一幅「獨持偏見，一意孤行」，和賈伯斯有異曲同工之妙。在繪畫創作上，他提倡「盡精微，致廣大」，以及「古法之佳者守之，垂絕者繼之，不佳者改之，未足者增之，西方繪畫可採入者融之」。徐悲鴻擅長繪畫，尤精素描。人物造型，注重寫實，傳達神情。所畫花鳥、風景、走獸，簡練明快，富有生氣，尤以畫馬馳譽中外，畫能融合中西技法，而自成面貌。

這兩個人雖然都有其孤傲之處，但孤傲背後的創新靈魂，正是啟動創意奇思的泉源。

◎創意經濟的微笑曲線

我們在討論創意商品如何發想之前，先來談談美學經濟的微笑曲線（Smile Curve）。宏碁集團創辦人施振榮針對資訊產業的附加價值提升與產業價值鏈關係，提供了淺顯易懂的微笑曲線。二〇一二年他將微笑曲線進一步闡釋並應用在不同產業當中，一方面解釋台灣產業結構必須轉型升級，一方面則提出應用。他提出的微笑曲線四個應用關鍵，極適合創意產業參考，並用來建構創意產業發展的整體架構，如圖六．一所示。

國立台灣藝術大學教授林榮泰指出，施振榮所提出在知識經濟架構下的微笑理論，其重點是以生產製造為基礎，透過研究發展與市場行銷，把台灣的產業從代客加工（OEM），提升到代客設計（ODM），最後達到自創品牌（OBM）的目標。

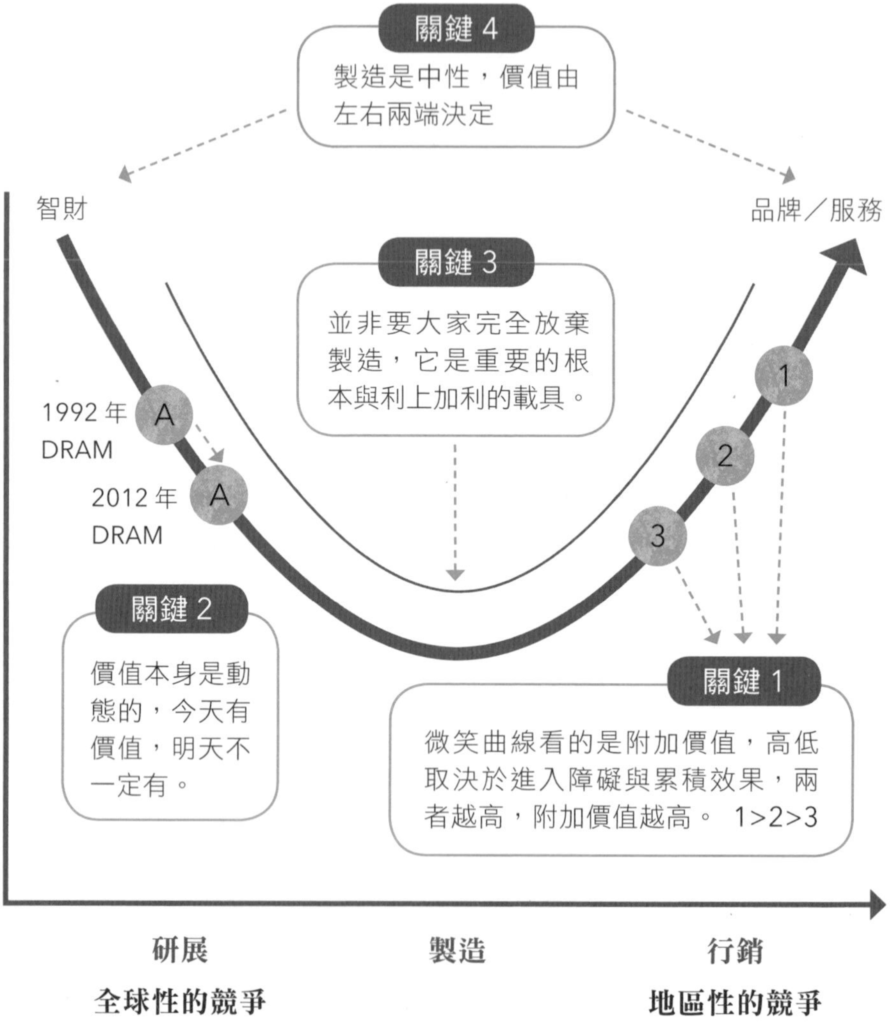

圖 6.1　微笑曲線四個應用關鍵

因此，台灣產業結構未來需要做的改變是保持降低成本（cost down）的優勢，加強設計的價值提升（value up），並追求文化的加值（value added）。

產業發展以微笑曲線建立見樹又見林的整體思考觀點之後，再來考慮創意商品與活動的開發設計策略。不同創意產業的範疇，或許有些差異，但從較寬廣的角度解釋，核心思考程序仍可相互應用。

◎創意商品設計的十個步驟

林榮泰針對創意產品的設計程序，提出十個具體步驟：

一、**設計定位**：在設計上展開主題，探討創意產業的定義，擬定設計的方向。

二、**理解與感知**：從實體、行為、無形的文化空間探討文化的屬性呈現，並從經濟、社會、科技的觀點，探討創意產品的象徵意義。

三、**消費者描述**：從消費者觀點，設計符合其需求並有特色的創意產品，塑造具有意義與風格的文化意象。

四、**使用情境描述**：使用情境文字描述或圖像化，並整合目標消費族群、產品類別及創意產品的使用情境。

五、設計規範建立：建立創意產品的目標及限制，確定產品功能的需求，探討消費者對產品的期望。

六（一）文化特質探討：以產品語意學的思考方式，探討文化及產品脈絡間適宜的連結關係。

六（二）文化特性編寫：將所要轉換的文化特質、產品特性以屬性脈絡的方式編寫列表檢討。

七、適宜的轉換脈絡：從眾多文化特質、產品訴求脈絡檢查表，及設計時所有聚焦的關鍵點而來。

八、設計訴求及概念發展：整合設計關鍵點後，以產品設計學的方式進行概念發展，以文字或圖像描述，使其概念視覺化。

九、概念整合及構想發展：用創意產品設計檢查表發展概念視覺化，並賦予適當產品呈現，必要時重新定義編寫消費者使用情境。

十、階段性設計評價：評估設計的一致性，以及技術上的可行性，以設計評價的方式檢視構想的成熟度及合理性。

媒體人洪嘉勵則另外發展出一個美術館創意商品開發設計模式（見圖六・二），認為進行美術館創意商品開發案時，美術館方應當提出更明確的設計概念，例如一個展演活動的詳細資訊。

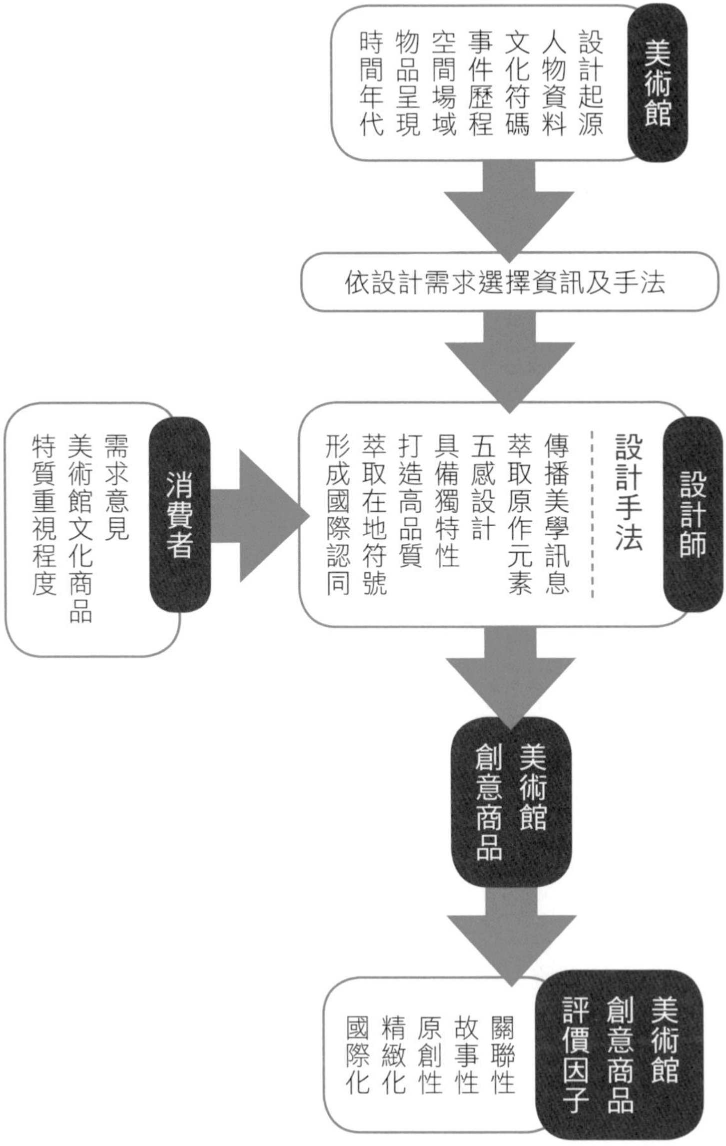

圖 6.2　美術館創意商品開發設計模式

設計師在解讀了消費者對於美術館創意商品的期待後，挑選適合美術館的元素，配合由美術館創意商品特質所發展出來之設計手法來進行，並以美術館創意商品評價因子予以檢核，使整體設計更加完整。

前面所談的創意商品有其指定意涵及範圍，但若要深入消費心理對產品的需求與期望，就可分成不同的層次。對層次掌握得越準確，開發或構想出來的商品或服務，才能打動人心，熱銷市場。

◎創意產品的策略層次及內涵

根據行銷大師科特勒的產品層級概念，在規劃商品時，須考慮五個產品層次（product levels）：核心利益（core benefit）、基本產品（basic product）、期望產品（expected product）、延伸產品（augmented product）與潛在產品（potential product）。每一個層次都會增加更多的顧客價值，五個層次再組合成一個顧客價值層級（customer value hierarchy），可參考圖六．三。

一、核心利益：「核心利益」是消費者真正想要得到的服務與利益，在創意產業裡可能是娛樂、美學，也可能是情感。

二、**基本產品：**「基本產品」是有形、能提供目標市場購買或使用的基本產品。應用在創意產業中，可能是一場音樂會、音樂會的演出節目表，或是某一特定樂團的演出。

三、**期望產品：**「期望產品」包含消費者對於購買產品或使用的一般性期待。對於音樂會的文化消費者／文化使用者而言，會期待有規劃方便的停車場、或是絕佳的音響效果。但不同的觀眾會有不同的期待，期望產品會因目標對象而不同。

四、**延伸產品：**「延伸產品」為超過目標族群一般性預期的產品。譬如提供產品的附加服務，使得顧客強化了經驗的感受，因而建立了滿意度與向心力；或是在電影節提供附近餐廳的折扣優惠或音樂會演出前後安排導聆，與中場休息提供簡單餐點的販賣服務，都是在使用基本產品外可享有的

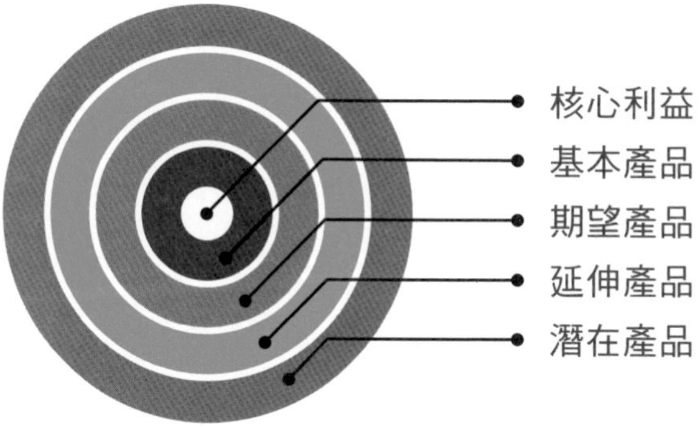

圖 6.3　顧客價值層級圖

附加價值。

五、潛在產品：「潛在產品」表示未來可能會暢銷的所有可延伸產品與轉換形式，例如百老匯音樂劇《歌劇魅影》的授權商品。

所以，可見創意產品的層次多元，選擇產品的發展重心與定位，就成為產品創意策略必要的考量。

◎創意商品的美感、故事與價值

在創意產業推行初期，東吳大學教授劉維公提出創意產業關鍵的三個要素：

一、美感：商品外顯的必要條件，除造型具有美感之外，更要強調對文化、生命的表現，才能引起觀者更深的共鳴。

二、故事：透過故事創造一種人生觀、世界觀，好的故事可以從自身歷史中去尋找、從地方豐富的小故事去發掘，如此才能尋求到集體的認同感與感動消費者。

三、價值：價值常常是能夠說服、贏得消費者認同的一個重要基礎。價值的構成通常是在於平常的人文素養、討論，以一種隱含的方式，從外顯行為間接表達出來。

◎創意商品背後的文化省思

我們從近距離觀察與現場訪談，認為文化的傳承不僅只是教學、教唱或信仰而已，必須深化到族群的認同、覺醒與價值創造。人類學家斯賓德勒（George Spindler）強調，文化治療的過程中需要對一些「文化知識」（cultural knowledge）有所認知，也就是在人與人互動的關係裡，藉著對文化知識的覺察與體悟，使得有機會再討論、再處理自己潛在的偏見。文化知識有三種：

一、**世俗的文化知識**：存在日常生活中的認知與偏見，必須要有文化的敏感度（cultural sensitivity）去察覺。

二、**自我與他者的文化知識**：我們平常和別人互動時使用的知識，例如在面臨文化差異時，經由對自己和他者文化知識的察覺，才會發現自己的問題。

三、**隱匿的文化知識**：我們的信仰和生活態度，間接表現在每天的日常生活中，如同「靜默」（tacit）的知識，不同文化脈絡就存在不一樣的認知。說不出來、也講不清楚，很難用科學方法看到。

我針對三種文化知識，將客家文化的要素，初步彙整如圖六．四。

學者對文化的定義固有不同的見解，但它其實會隨著人類社會持續發展而改變。因此，文化應當是一種知覺，這種知覺應顯現在生活各個層面而形成一種主張、主意、一種風格或方式，背後包含人類生活方式的思考、價值觀、知識信仰與行動模式等，而美術館更像是文化的總部，其藝術文化更是記錄了當代人類社會活動累積的一切，從古至今的記憶都呈現在藝術作品裡。開發文化或創意商品，有必要從不同文化傳統、信仰、儀式、活動、故事去了解。

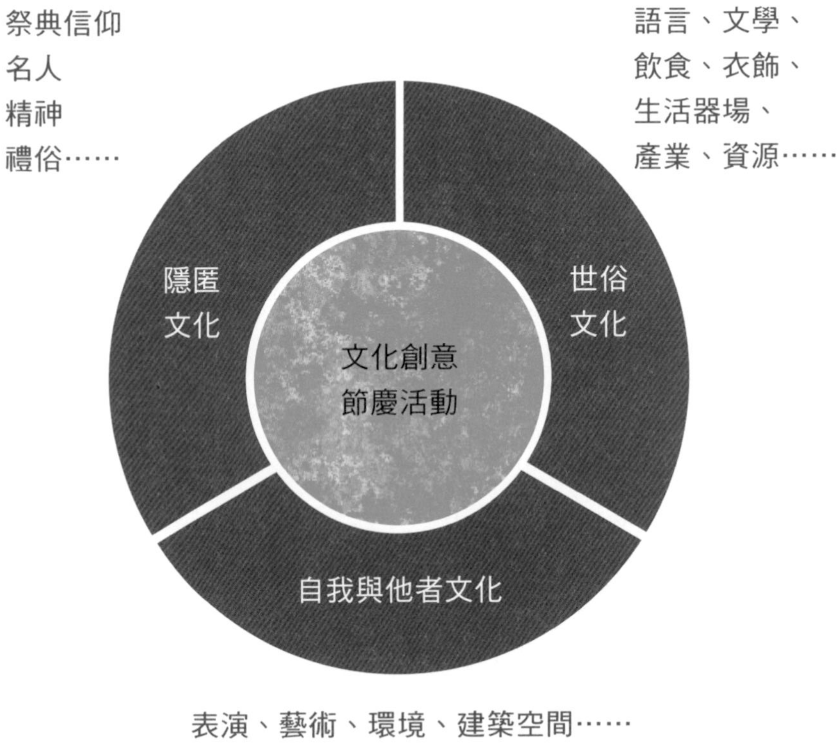

圖 6.4　客家桐花祭可連結三種文化知識

◎文創活動案例——慢活廊道與桐花祭活動

為有助讀者在創意商品或活動開發時，發展有效的創意與問題解決之道，小自創意商品設計、活動等展演，大到新事業的設立及運作，我們將創意構思發展成幾個可行的步驟，總結如圖六．五，讓讀者一目了然，以八大步驟來說明創新問題解決過程（CPS），並以「台三線客庄慢活廊道結合桐花祭活動」做為案例說明。

為推動客家文化與地方產業發展，行政院客委會投下極多資金預算於許多節慶活動上，包括美濃「迎聖蹟、字紙祭」、東勢新丁粄節、六堆嘉年華、六堆祈福攻炮城文化祭、「天穿日」客家山歌比賽、客家桐花祭、頭份四月八客家文化節、雲火龍奇遇記、三義雲火龍節、高雄夜合客家文化藝術季、新竹義民文化祭、平鎮客家踩街嘉年華會、詔安客家文化節、三山國王客家文化節、國際客家花鼓藝術節、台東好米收冬祭、客家傳統戲曲收冬戲……等。

這些節慶活動琳瑯滿目，但有些重覆，有些則璀璨如煙花、短暫即逝，能否帶來多大的經濟價值，是產業必要的重點。要如何以這些節慶活動創造龐大商機呢？這裡以創新問題解決八步驟解說如下，其中部分擴散與聚斂思考重點，參酌陳龍安、徐斌、練友梅等創意人的見解：

一、對問題的敏感性：節慶活動對當地產業經濟活動有實際的推動效益嗎？經費的投入是否能累積客庄地區經濟或產業發展的能量？年輕一輩是否會因此迴游返鄉？五月桐花季、台三線的經濟效益能否持續成長？

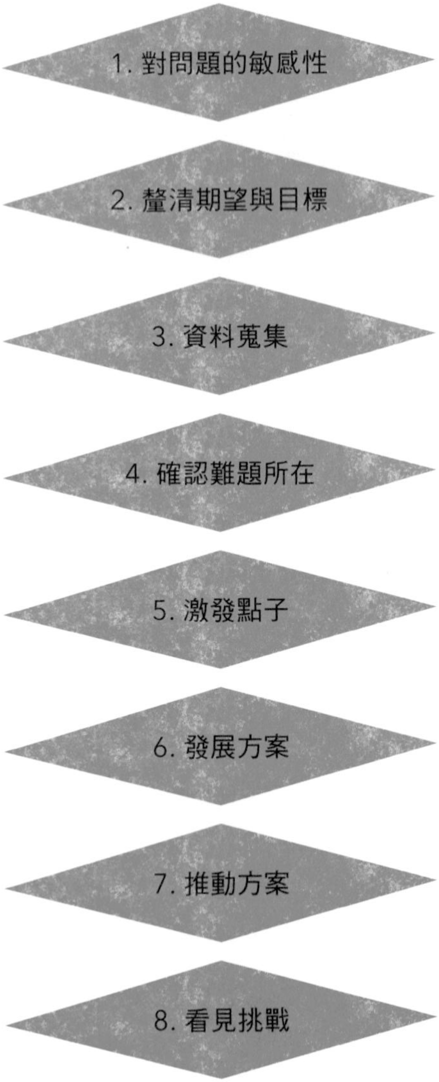

圖 6.5　創新問題解決（CPS）八步驟

（一）對問題敏感的擴散思考重點：

● 運用5W2H（為什麼、是什麼、誰主導、何時、何地、如何、效益／成本等），對現狀多方面探索。

● 從不同資訊管道獲得相關訊息、數據或報導。

● 自主辨單位、人員、廠商的言談、抱怨中感受。

● 回溯以往累積的經驗中，直覺反應出疑問點。

● 民意代表、媒體的揭弊或不同的看法。

（二）對問題敏感的聚斂思考重點：

● 評估是事實或偏見？是基於事實的直覺或幻覺？

● 問題嚴重嗎？急迫嗎？還是小題大作？

● 是否應將現象再細分不同面向，或更加深入？

● 根據的訊息來源是否有代表性？數據的根據何在？

二、釐清期望與目標：五月桐花祭是典型的客家創意活動，已經舉辦十年，遊客如織，在短短十五天的活動內創造了話題、口碑及觀光旅遊產值。我們的期望與目標原本有很多，經過九宮格法、腦力激盪法列出二十餘個，再經過聚斂技法分類、分層次，並考慮政策目標及短中長期發展，逐漸釐清如下：

將節慶活動轉化成客庄產業的生活化、體驗化。
依地理區位及產業特色，發展跨區域整合。
由個別廠商點狀輔導，擴大為產業價值網輔導。
以台三線客庄產業軸線為重心，促進特色產業。
符合「以經濟效應的經營為優先，提振客家文化」之政見。

（一）釐清期望與目標的擴散思考重點：

● 用「我希望……」、「如果……就太棒了」等語詞，寫出心中所有的期望，及對未來美好的想像。
● 拉高期望與目標，有助啟動創意。

- 正向、肯定、具體的想像，相信可以達成。
- 暫時不做任何評斷，放開限制，想像已達到所嚮往的未來情境，寫下所有期望或目標。

（二）釐清期望與目標的聚斂思考重點：

- 檢視選定的各項期望與目標之間的關聯性。
- 有關聯者，用流程圖或其他適當的方式，畫出彼此的因果關係。
- 無關聯者單獨列為一項。
- 依重要性及因果關係，排定期望與目標的優先順序。
- 用明確的語言澄清不明確的部分，並陳述優先展開的期望與目標。
- 畫一張達成期望與目標時，內在所呈現的情境影像。

三、蒐集相關資料或數據：為進一步了解台三線客庄是否有潛力發展跨區域觀光旅遊，促進當地特色產業發展，我們廣泛蒐集資料，包括各地區客源市場目前與預計的來台旅遊人次等，彙整各項資料與數據，將之分門別類為政策、經濟、社會、技術、法規、環境，再檢視台北市、新北市、桃竹苗地區有關台三線的過去、現在與未來的全貌。

（一）資料蒐集的擴散思考重點：

- 目標族群及其需求。
- 過去的經驗、現況、事實、感受、觀察、問題、數據、資料……。
- 外界已存在有助於達成期望與目標的資訊：文獻、專利、書籍、專業知識、專家顧問、方法、工具……。
- 5W2H：什麼（What）、哪裡（Where）、何時（When）、誰（Who）、為什麼（Why）、如何（How）等相關資訊。
- STEEPV：與社會（Social）、技術（Technical）、經濟（Economics）、環境（Environment）、政策（Policy）、價值（Value）等相關之資訊。
- 未來趨勢，包括政經、科技、環保、生活等。

（二）資料蒐集的聚斂思考重點：

- 羅列和達成期望與目標相關的重要資料來源，並予以評估。
- 瀏覽所有資料，用權數標記相關性高、吸引注意力的部分。
- 將資料數據依人事時地物重新分類，找出新契機。

● 採用三角查證、交叉比對法，可增加資料的效度與信度。

四、**列出可能需克服的挑戰與難題**：將台三線視為觀光旅遊地帶，除了五月桐花季外，如何長期、永續地吸引觀光客，使台三線客庄所在地經濟活絡、產業發達？我們運用要因分析法或引導式腦力激盪法整理許多的挑戰，這些挑戰涉及中央與地方、廠商與政府、居民與商家，歸納如下：

地方政府人手、專業及經費不足，如何協助廠商整合？

各客庄的觀光景點是分散的、獨立的，如何解決利益衝突？

國民旅遊、陸客旅遊及歐美自助旅遊屬性不同，應該如何滿足需求？

在利益爭奪中，旅遊、商品、安全品質如何維持高水準？

如何讓廠商或景點注入更多客家文化元素，開發客家特色商品？

對外宣傳聚客難，負責人如何推展台三線綠色慢活郊道？

（一）**確認難題的擴散思考重點：**

- 以各種不同的方式陳述需要克服的挑戰：「如何……？」、「可以如何……？」、「可能有什麼方式……？」、「整體而言，可以如何……？」
- 同時問：「這些挑戰都克服了之後，就可以達到期望目標了嗎？」如果是，則可以停止發散思考的過程；如果不是，則繼續羅列需要克服的挑戰。

（二）**確認難題的聚斂思考重點：**

- 一個一個進行點子發想的步驟，主題式聚焦。
- 選擇其中一種問題敘述方式，進行點子發想。例如「如何……？」、「要怎麼樣才有可能……？」
- 綜合整理所有需要克服的挑戰。用直覺評估的方式，排定優先順序，標記需要克服的關鍵挑戰。
- 情境分析，仔細分辨是現象還是問題？原因是什麼？

五、激發點子：一個跨區域整合客家文化觀光旅遊及地方產業的構想，必須借助創新的點子，以突破現有的挑戰。若單憑政府之力，欠缺靈活與專業；純靠廠商，資源也會不足以整合協力，因此必須彙集產官學的觀點，相互激盪新構想。我們參考國內外標竿個案及客委會過去辦理活動的案例，構思出以下幾點：

運用政府預算及輔導資源，協助地方特色企業改善體質。

所謂亮點企業，不是輔導創業，而是讓出色變優秀，優秀變卓越。

不做單點補助，以商圈、聚落方式做價值網的整體輔導。

產品、商家必須經過徵選，勝出者才提供輔導資源。

用網路 QR Code 或彩碼發展智慧旅遊及激勵消費的促銷工具。

針對需要優先克服的挑戰，一個個進行點子發想。

（一）激發點子的擴散思考重點：

- 針對不同問題採用擴散思考工具，如九宮格法、奔馳法等，產生多元點子。
- 充分激發各種構想、不設限，相互碰撞、補充、擴大、聯想。
- 克服點子需要以「動詞」表達，因為只有採取行動才能克服挑戰。

（二）激發點子的聚斂思考重點：

- 設定收斂條件及可能評估準則，不同準則可給予不同權數。
- 採取收斂思考原則及適當的收斂工具，選取最具克服挑戰潛力，而且可行的構想。
- 針對原來設定的期望及目標來評估構想。
- 評估指標應分短中長期、有形無形、成本效益。
- 對未來潛在的負面影響或作用，宜列入扣分項目。

六、發展解決方案：經過反覆的擴散與聚斂思考，激發出各式構想、點子之後，有的點子可能只是模糊或粗糙的想法或概念，需要釐清與強化，才可能往下執行，因此要將構想轉為方案。若以「台三線客庄廊道觀光聚落輔導方案」為題，經過6W3H的討論，可以歸結如下：

Why（為什麼）：方案推動的緣由（欲解決的問題）及情境分析。

What（什麼）：方案的目標、重要規劃等內容。

Who（誰）：方案的規劃與推動者，主、協辦單位。

Whom（對誰）：方案的實施對象與受影響者，即標的人口與利害關係人。

Where（何處）：方案影響的空間範圍，如區位與交通動線，或方案執行地點。

When（何時）：方案執行的時程，可為年度計畫或中程計畫。

How（如何）：方案如何推動與實施方式。

How much（多少）：方案之預算規劃及財務營運計畫。

How many（效果）：方案推動後之預期績效、產值、滿意度。

（二）發展方案的擴散思考重點：

●選擇一個具潛力、需要強化的點子，進行點子內涵的精緻化，發展成可執行的具體解決方案。

●首先釐清點子的內涵，確認點子在實際執行面，具體指的是什麼。

●用PPCO強化點子，即依序列出點子的優點（Pluses）、未來的可能（Potentials）、可能的限制或障礙（Concerns）、突破限制或障礙的可能方案（Overcome concerns）等事項。

（二）發展方案的聚斂思考重點：

●彙整發散過程所得的結果，發展出完整、細緻、可執行的解決方案。

●大方案應包含各項執行計畫。

●計畫間應有輕重緩急及先後互補關係。

●運用6W3H是一個極佳的聚斂方法及思考構面。

七、**推動方案**：制訂方案之後，如何讓利益關係人接受呢？這些人包括中央、地方、社團、廠商、旅行社、客戶。首先依要求提案，進行標案，成立推動小組，掌握進度。方案執行可分政府主辦、委外辦理、公私合夥，分為興建—營運—移轉（BOT），租用—營運—移轉（ROT），興建—營運—擁有（BOO）等。

（一）推動方案的擴散思考重點：

●回顧前述所有步驟，列出達成期望與目標需要執行的項目清單。包括：需要落實的解決方案、需要尋求的協助，以及相關的助力及阻力。

（二）推動方案的聚斂思考重點：

- 設定行動方案的短、中、長期時程，如：短期一月、中期三個月、長期一年。
- 將實踐解決方案之相關執行項目，列入短、中、長期執行工作項目中，並指定負責人、完成日期、查核人等，規劃出具體行動方案。

八、看見新的問題與機會： 任何方案的推動，尤其是創新性、變革性的方案，肯定會面臨更大抗拒、反彈或阻力等新問題，當然也可能產生更多周邊機會與外溢價值。潛在問題，包括台三線產業輔導方案中央地方爭取主導權、輔導資源分配不均、觀光亮點企業間步調不一，或價值網建構不完整，這些問題皆應納入補強或備選方案考量之內。其中機會點或外溢價值可列舉如下：

引進更多現代化經營、行銷、促銷、管理工具與方式。

讓人員加強服務或提升能力，增加年輕一輩返鄉。

經營策略更靈活，以顧客為中心推出客製化服務等。

客庄經濟更活絡，帶動更多的投資機會與就業機會。

促使更多的異業投資，跨界交流。

（一）看見問題與機會的擴散思考重點：

- 將方案 6W3H 的構成要素，逐項運用擴散思考工具，激盪可能的問題及機會點。
- 運用正反兩方，針對方案執行後可能的問題與機會辯論。
- 引進外部觀點或第三方角度，參與問題與機會討論。
- 辦理利益關係人公聽會，或透過社區共同營造提升參與度。

（二）看見問題與機會的聚斂思考重點：

- 將各種問題與機會，利用權數法，依發生機率算出損失或加值。
- 縮小實施範圍，或先模擬未來實施情境和結果。
- 風險辨識，運用風險降低、減少及轉移技巧。
- 機會部分，運用知識管理、創新擴散方式，利用或增加其價值。

創新問題解決步驟通常對一般問題的分析與解決有效，但對創意產業中的商品設計、展演促銷、觀光聚客，甚至帶動地方產業，亦同樣可行。我們從以上八個步驟的案例演練中，不僅對原先的目標與期望有更明確的掌握，而且經由資料的搜尋、彙整，更清楚問題所在。我們運用擴散—聚斂的思考方式，反覆對問題深入研討，最後提出了整體的解決方案。

從構思、理論到實務

創意思考成為當今顯學，不論工業產品設計、商業傳達設計，或是環境工程設計，都引進了創意思考的訓練。創意產業包含了上述三大範圍，因此，絕妙、鮮活、具獨創性或顛覆性的創意構想，便成了萬金難買，夢寐以求了！

好的創意思考產生的點子與構想，必須經過下列五項判準的檢核：

一、**文化性：**依托、浸潤於文化要素與人文情懷脈絡之中。

二、**進步性：**與時俱進，想法、物品、儀式要有發展價值。

三、**新奇性：**能與眾不同，推陳出新，具創造性，超越傳統。

四、**精緻性：**運用藝術手法使外觀、材質、功能、品質日益提升。

五、**實用性：**不論是物品或服務，一定要有其功能與效用價值。

◎創意構思要變化多端，還要引人入勝

實踐大學教授陳龍安和本人在編撰國家文官學院的「創新思考」教材時，曾對創意、創新的特質，以「變、化、多、端」來描述，後經創意發想的角度，個人另加「引、人、入、勝」做出更全面的解釋：

一、**變**：改變思路，思路決定出路。世上唯一不變的就是變，要掌握變化的趨勢或機會，可從下面五個方法著手：（一）想變，具改變的動機與企圖心；（二）知變，了解各種變動的趨勢與方向；（三）應變，面對問題並解決問題；（四）求變，將既定的舊事物求新求變；（五）御變，變固然重要，但不可違法亂紀。

二、**化**：潛移默化，轉變成某種性質或狀態。時代劇變，應能與時俱進，窮則變、變則通，才能化危機於轉機，化萬變於不變中，期能「萬化歸一」。文化，即包含「文明教化」的意義，透過萬事萬物的發明運用，以教化人心、化育眾生。

三、**多**：多多益善，以量取質。創意、創新就是強調變化多、構想多、點子多、連結多，強調思考的流暢性，要「求量取質」、「垃圾堆裡有黃金」。在激發創意時強調個人或團體的互動激盪，在短時間內產生巨量的點子，大量的點子就隱藏著問題的解決方法與方案。

四、端：針對突破點，且做法要正派、正確。創意思考像一條循環鏈，沒有起點也沒有終點，每個環節都是端點，每個步驟都和圓周上的點一樣，平滑柔順無阻礙，卻可能是最重要的轉折點、突破點。端點突破之後不是終點，而是另一個運作的起點，所以因端而變，因變而化，因化而多，因多生端……。端另外亦要求正確、正派，符合倫理及價值。

至於「引人入勝」，則是延伸「變化多端」而來的創意產業特質，意指：

五、引：導引，吸引人們對創意的認識、體驗與消費欲望。

六、人：指主辦、協辦方及消費者的共同參與，爭取利益關係人支持。

七、入：融入，投入創意活動情境中，產生認同、沉浸與感動。

八、勝：勝任，有能力、夠水準，在品質、功能及創意表現上勝出。

◎加減乘除的創意思考架構

創意的誕生，絕不僅僅是福至心靈、靈光乍現，反而是個有步驟、有程序的思考活動！沒有完整的思考架構與流程，很難持續、有效地產出創意。尤其許多創意不是一個人可以完成，而必須運用團隊力量才能克盡其功，因此，有共同思考架構、有步驟可以遵循，便變得異常重要！

我們長期教授創意創新課程，也從事創意產業，深刻發現創意工作必須有一套完整的思考架構，小至一首詩歌的創作，大至一套產品系列的開發、藝文節慶活動的展演，都必須借助思考架構的運作推展。因此，當談及「創意商品」時，應將產品、設計及服務納入三位一體思考，面向市場深層需求，才能有更多發展的可能。擴大來說，產業範疇、資金運用、產製工藝、市場推廣，都可列入創意發想的對象之中。

創意產業可以透過「加減乘除」的四則運算思維，開啟新商機，不論身為創意產品的生產製造者、創意設計的相關從業者都可運用，找出令人驚呼連連的創意商品與服務。

首先，用5W2H來分解創意產業所涉及的人事物，包含目的（Why，為什麼）、功能（What，做什麼）、人物（Who，誰）、時間（When，何時）、空間（Where，何地）、方法（How to，如何做）、成本（How much，花費）。從分析中找出可能的問題真相或商機。分解得越細，越容易找出機會。

其次，將目前已有的商品或服務的負面因素清單，想辦法減少或消除。所謂負面因素包含情感面的緊張、悲傷、痛苦、恐懼，以及效用面的品質功能、操作不便、體力負擔、安全風險等等。對目標市場做「不滿意調查」，可找出更多在購買前中後負面的排斥因素，應想盡辦法降低或根本地消除。

第三，在減法的基礎上，增加顧客想增加的因素，譬如增加感動驚喜、有趣快樂、安全可靠、懷舊回憶，增加更多功能、更加便利耐久、更大的包裝或容量等。

最後，找到設計專家或顧問，將5W2H諸要素及加減後的商品，以乘法技術與更多異質元素跨界整合、創新應用或產出質變新營運獲利模式。乘法技術包括跨越不同的世界、產業、觀點、主題、評價、地方及問題。偉大的策略往往來自於破壞性創新。上述創意和創新的四則運算，可以用圖六．六和六．七表示。

運用加減乘除即可進行創意事業或商品開發。政府推動創意產業近十年，已累積不少創意研究及節慶活動經驗，有待大家努力將活動成果轉化為創意知識管理，並提出一

2. 降低（減法）	1. 分解（除法）
材料成本　粗鄙低俗 人事管銷　時間冗長 風險不安　不合時代 資源浪費	流程環節　文化因素 產品項目　圖騰象徵 原材物料　服務程序 包裝材料
3. 提高（加法）	**4. 創造（乘法）**
生產效率　懷舊想像 正確比例　附加價值 產品功能　顧客滿意 情感價值	經營模式　差異優勢 獲利空間　市場客戶 價值體認　服務方式 用途創新

圖 6.6　加減乘除的創意思考架構

÷

運用 5W2H 分析問題要素

◎分解要素並掌握問題全貌

◎發現新事實及可能商機

◎淬鍊出不同文化元素

首先要整理問題，釐清思緒

借用別的創意尋找理想的型態

尋找有關各個問題點的改善方法

×

◎整合性質不同的東西

◎三用：借用、應用、套用

◎跨界融合、混搭

◎提出新服務模式

＋　－

◎為了提高創意商品價值而減少的負面因素

◎為了提高創意商品價值而增加的東西，包括性能、感受。

具獨創性且卓越的創意

具立即性且容易實現的創意

對於解決問題的期待，想要實現的欲望

創意的累積、篩選

◎毫無遺漏地記錄創意並加以整合應用

◎根據可行性與期待成果的等級加以分類

◎建立新商品及服務新營運模式／方案

圖 6.7　創意的四則運算思考流程

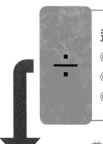

套創意方法論。

◎先擴散再聚斂的創新思考程序

有了加減乘除的思考架構發展創意元素後，如何展開思考操作呢？傳統的思考偏重於左腦垂直式，重理性，講究邏輯、精確及推論；但創意思考則屬於右腦水平式，重感性，講求變數、連結及想像。

一個好創意的誕生，兩種思考都應一併考慮及應用，它們是一種交互作用，相生相剋卻又相輔相濟，可稱之為全腦思考。

實務操作上，強調先擴散再聚斂，也就是先水平思考，激發各式各樣的點子和構想，先不批評不分類，上窮碧落下黃泉，天馬行空大膽想像，再經由篩選程序找出類別、屬性等加以評鑑，進行可行性分析與報酬率評估。

以下將介紹運用擴散思考來發想新點子的幾個技法。

◎擴散思考技法一——九宮格法

九宮格是一種視覺化的思考工具，運用九宮格圖形的空間方位，給予結構化的思考刺激，創意及靈感便可在連續的刺激下產生。特別適合觀想，也就是一邊觀察一邊激發想像。

基本方法是在中心方格內寫下思考主題，針對主題所激發出的構想，則填入周圍八個方格內，有兩種基本形式。

一、向四面擴散的發散式——以生涯規劃為例：

- 列出對你的生涯最重要的八個領域。
- 計畫並記錄某段時間內各生活領域的目標與成果。
- 有忽略的地方設法補強，以回歸均衡和諧的生活。

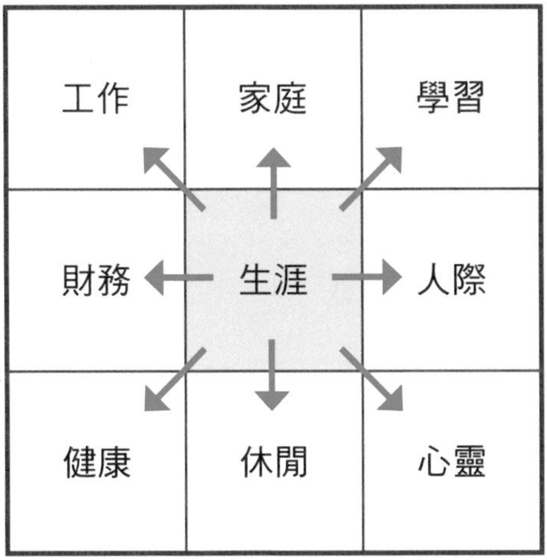

圖 6.8
向四面擴散的發散式——以生涯規劃為例

二、逐步思考的順時鐘式——以創新問題解決為例：

- 每一格代表一步驟，依順時鐘方向填入（九宮格代表步驟）。
- 若有多出來的方格，可做備忘錄使用。
- 將步驟表的節奏管理好，整體規劃就能在自己的掌握中。

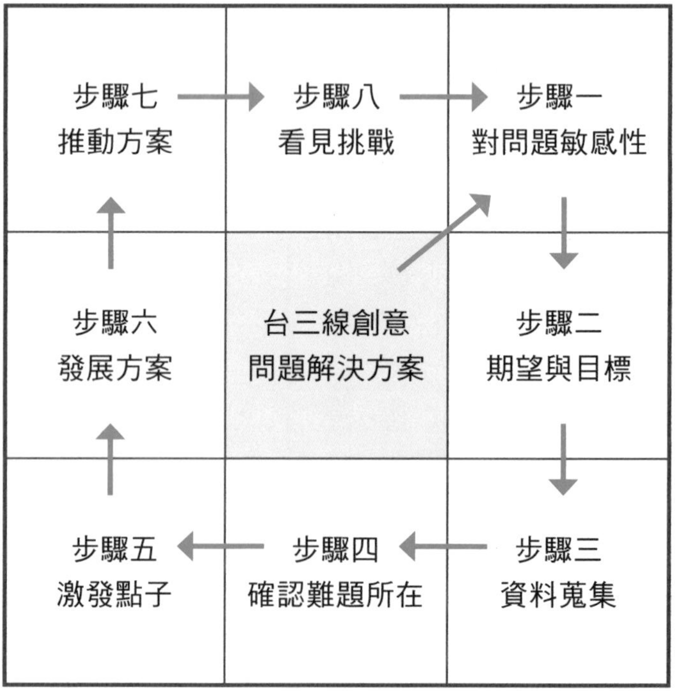

圖 6.9　逐步思考的順時鐘式——以創新問題解決為例

九宮格法的基本原則在於：

● **想到就寫**：想到什麼就寫什麼，自由聯想無拘無束。
● **用詞簡明**：大腦有聯想的能力，將關鍵字寫下即可。
● **盡量填滿**：九宮格會讓你有想要填滿的欲望，刺激思考。
● **事後整理**：腦力激盪完後，再依目的整理相關順序。

九宮格法的運用方式原則為：

● **善用顏色**：視覺化思考工具，可善用顏色加強印象。
● **可大可小**：小至名片卡，大至海報紙皆可運用。
● **視覺管理**：運用八個方位的視覺思考，做記憶管理。
● **逐步實踐**：完成就打「X」，做一半畫「／」的管理功能。

若你覺得基本的九宮格不夠寫，它還可以無限擴展。最常見的擴展模式，是由中央主題擴展出的八個外圍項目（A～H），發展成八個次主題，由八個次主題擴展另外八個九宮格。如此一來，項目便由八個擴展至六十四個，這也是所謂的蓮花法（如圖六．十），可將各種想法或創意無限地擴展下去。

A1	A2	A3	B1	B2	B3	C1	C2	C3
A8	A	A4	B8	B	B4	C8	C	C4
A7	A6	A5	B7	B6	B5	C7	C6	C5
H1	H2	H3	A	B	C	D1	D2	D3
H8	H	H4	H	主題	D	D8	D	D4
H7	H6	H5	G	F	E	D7	D6	D5
G1	G2	G3	F1	F2	F3	E1	E2	E3
G8	G	G4	F8	F	F4	E8	E	E4
G7	G6	G5	F7	F6	F5	E7	E6	E5

圖 6.10　九宮格擴展思考圖

◎擴散思考技法二——腦力激盪法

正如所謂「三個臭皮匠勝過一個諸葛亮」或「集思廣益」，腦力激盪就是利用擴散思考的策略，使團隊激盪出大量的點子。腦力激盪的四個基本原則是：

一、**不做評價**：對構想不做任何優缺點的評價。

二、**激勵想法**：激勵大家提出各種異想天開的想法。

三、**越多越好**：激盪時提出大量的點子，越多越好。

四、**組合改進**：可隨時組合改進各種不同意見。

腦力激盪的方法與步驟可分成五個階段：

一、**決定主題**：問題的涉及面不宜太廣，應該有特定的範圍。一般而言，適合創新思考的題目宜開放而具體，以擴展思考範疇。例如：如何凝聚員工的向心力？

二、**記錄構想**：將已提出的想法盡可能記錄下來。

三、**適時適地**：腦力激盪的時間因問題任務、性質及環境而有所不同，短則幾分鐘，長則一個小時，一個問題不一定要一次完成。

四、分段進行：構想產生階段要提出大量的構想，至少超過百個。到了構想評價階段，則是腦力激盪結果的評估，避免在同一天進行，最好過幾天再實施。

五、選擇方案：最後訂定標準並評估，以選取最好的意見。

腦力激盪還可以分成六六討論法、六三五法和引導式腦力激盪法。根據實踐大學陳龍安教授的定義，六六討論法是以腦力激盪法為基礎的團體式討論法，將大團體分為六人一組，只進行六分鐘的小組討論，每人一分鐘，然後再回到大團體中分享及做最終的評估。

六三五腦力激盪法則是以筆寫式來處理某個待解決的問題，並依照下列原則進行：

一、六人一組：在每個人的面前放置A4格式的六三五卡。

二、三個想法：每個人都必須在卡片上寫出三個構想，並在三到五分鐘內完成。你寫過的及看過的都不能再寫。

三、五次循環：時間一到，每個人都要把面前的卡片傳給右邊鄰居。共五次循環，可得到一百零八個構想。

最後將每個卡片剪下，分門別類做各種組合，並給予一個標題。設計海報，將卡片貼在上面，準備向大家報告。

引導式腦力激盪法是由麥肯錫顧問公司（McKinsey & Company）所發展出來，近年來備受重視，它強調不要天馬行空，要提出正確的問題，甚至是潛在的問題，才有可能激發出好點子；創新突破最好的方法往往與以前學的方法不一樣。它強調系統化開發問題，問題要獨立又互斥，且充分不遺漏，站在策略觀點分析企業問題。

這種方法的進行方式有幾個要點：

一、先明確說出提案的門檻和限制。
二、提出好問題或潛在問題。
三、選擇具有資格的人參與會議。
四、每組人數三到五人。
五、主席說明任務及遊戲規則。
六、各小組自行選出二到三個最佳構想發表。
七、告知成員是否實際執行及其成效。

◎創意思考案例——活動誘導式創意動腦企劃

新構想、新創意是行銷活動能否讓人深受感動與耳目一新的必要元素，創新的系統性思考，是誘導創意結構重組、推陳出新、互相衝擊，進而閃耀出智慧火光的過程；而創新的策略性思考，則是活動能否創新並擊中目標的另一過程。策略是重點的選擇與優先順序的安排，企劃與動腦階段如果不先經過系統性思考，就很難在舊元素中找到新秩序或激發新構想。

行銷活動的動腦與創新，基本上是利用舊點子來創造新構想的知識中介（Knowledge Brokering）或經驗中介（Experience Brokering）歷程。根據美國史丹佛大學管理學教授哈格頓（Andrew Hargadon）和蘇頓（Robert Sutton）的「知行差異」理論（The Knowing-Doing Gap），創意和創新的四個組成部分是：

一、從各種來源中擷取巧思。
二、加以把玩、討論和利用，並使構想保持活潑。
三、加以重組，互相切磋、多向撞擊，將舊點子構思為新用途。
四、將富有潛力的構想變成真正的服務、產品、程序與企業模式。

以下是黃丙喜教授和本人在歐洲大學MBA課程中，帶領同學進行的一個創新活動計畫範例：

品茗台北——街頭假日風情

元素界定與思考方向	主題探討分析
關鍵元素之界定 **（從各種來源擷取巧思）** ◎從歷史時空與人類生活等大格局 ◎從政治、社會、經濟、科技與文化等多面向多層次 **網站搜尋** **資料查閱** **浪漫想像** **拉近思索**	**重點解析與推論延伸** **（加以把玩、討論和利用）** **重點解析　　推論 1　　推論 2** （第一層次與面向——本身元素相關） Street+　　Street is　　Street is Coffee+　　博物館　　休憩地 Weekend= **（外加相關元素）** **1. 活動：舞動動覺、知覺和感覺** 聲＋光＋色＋味 **2. 節慶：觸動歡樂、喜悅和幸福** 街頭風情，咖啡風情，茶飲風情，婚紗風情……，一切能在假日街頭予人浪漫想像的情景和情境 **（加以重組、互相撞擊、將舊點子構思為新用途）** 時間／空間／人物／商品／故事／情境的人事時地物的多元解構和重組
街頭 **定義 1** **定義 2** **定義 3** **具象 1：世界知名的街道** **具象 2：台北的街道** 市長至總統之路——仁愛路	**何謂街頭？** 1. 仁愛街頭新意：台北人寄情的／悠閒半天的／感到好玩驚奇的新天地 2. 創造台北新風情：我們心中渴望的台北街頭意象和意義——悠閒駐足／街頭／欣賞／對話／感動 3. 仁愛路，不只是市長至總統之路，對台北人／某一族群的生活／工作／人生的意義 4. 其他聯想
飲品 **定義 1** **定義 2** **定義 3** **具象 1：咖啡的特徵，咖啡與生活**	**何謂飲品？** 1. 咖啡、茶和飲品 2. 生活和工作 3. 其他聯想
假日 **定義 1** **定義 2** **定義 3** **具象 1：台北街頭的假日** **具象 2：台北假日的咖啡**	**何謂假日？** 1. 休憩 2. 補眠 3. 約會 4. 飲食 5. 其他
資訊蒐集	

活動誘導式創意動腦企劃

目標確立	主題確立	目標轉化活動	活動類型
1活動意義 掀起台北街頭活化風潮 台北的街頭假日風情 **2活動本身** ●空間／時間 沒有高分貝音響 沒有汽車的擁擠 某一時段 某一路段 ●效益／預算 整體預算 個別預算 差異預算	**1活動主題** 台北市府至總統府之路 ——仁愛路的聲香色味 （暫名） **2活動主調** 原音 真情 自然 悠閒 趣味 豐富	**1激勵** 公益 公共 **2交流** 活動 媒體 **3行銷** 環境品質 企業品質 休憩品質	**說唱遊玩賞樂聽** Sports Sing Say-talk See Ship-service Stay-take a rest Shop

◎擴散思考技法三——奔馳法（Scamper Method）

這種方法要使用所謂的「發想檢核表」，為美國心理學家艾伯爾（Robert F. Eberle）參考了奧斯本的（Alex F. Osborn）檢核表法所提出。Scamper在字典裡的意義為「穿針引線」、「快速通過」，有人則稱之為「奔馳法」，形音義皆頗為適切。運用奔馳法，可結合前面的九宮格法及腦力激盪法，成效將會激增，不妨一試。讀者可將一個發想的主題、商品或服務活動，逐項發想，檢核表說明如下表。

S	Substitute（替代）	有什麼可以代替？ 有什麼其他素材？ 有什麼其他方法？
C	Combine（合併）	合體的話會怎麼樣？ 把特性和目的整合起來會怎麼樣？
A	Adapt（調適）	有沒有其他和這個相似的東西呢？ 有沒有暗示出其他創意？
M	Modify、Magnify（修改）	可否改變原物的某些特質，如意義、便利、安全、顏色、聲音、形式等？
P	Put to other uses（其他用途）	直接用在新的使用方法上？ 改善、改良的方法是什麼？
E	Eliminate（消除）	可否將原物變小、濃縮，或省略某些部分，使其變得更完備、更精緻？
R	Re-arrange（重排） Reverse（顛倒）	如果把上下、左右互換會怎樣？ 把順序對調如何？

◎擴散思考技法四——心智繪圖法

人的大腦神經靠上億的神經突相互連結，產生對事物的認知與聯想，因此英國腦力權威布贊（Tony Buzan）創造了以神經網絡為主的放射性創意工具，如圖六．十一。比爾．蓋茲也把這個方法做為次世代的發想工具，也使得這個方法更受到矚目。心智圖的特徵包括：

一、從中央以放射狀的方式寫出關聯的項目。
二、應用範圍廣泛，舉凡新商品企劃、記錄心裡想到的創意、代辦事項的確認清單等皆可。
三、由照片、插畫、圖示等交疊而成，能夠用感受來理解，留下記憶。
四、能看到整體以及每個項目的關聯性。

繪製心智圖的基礎方法可分為六個步驟：

一、決定心智圖的中心主題，將它擺在正中央。為了加深印象或記憶，可以使用插畫、照片、圖片來強調，讓各個要素更醒目。
二、從中央的主題畫出枝節，然後放置相關的子題。離中心越近的枝幹越粗。
三、從子題再延伸出更細的子題，或是增加同等級的子題。

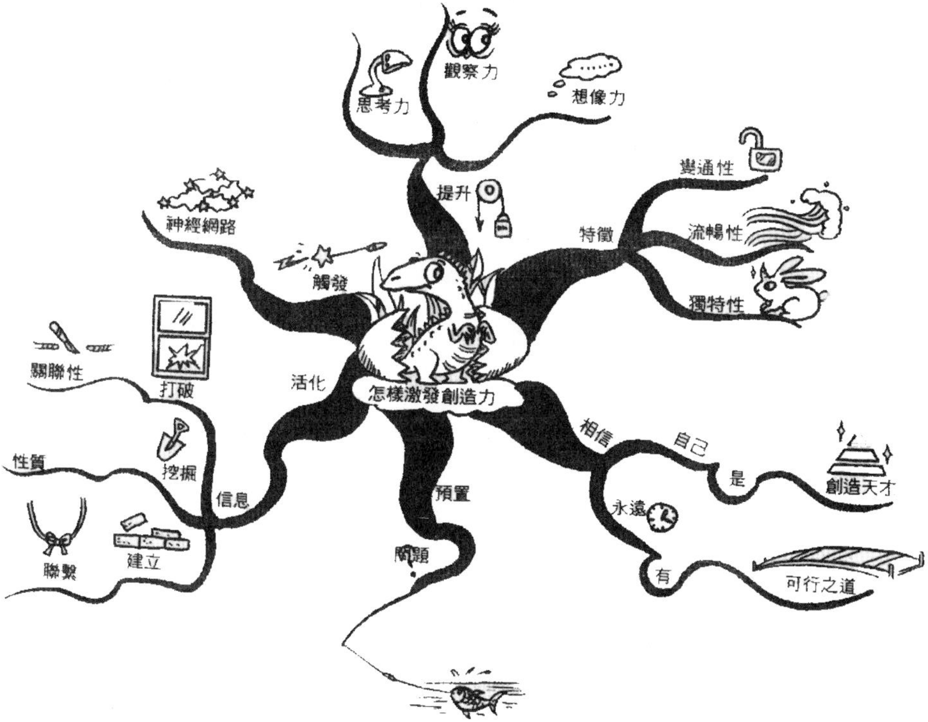

圖 6.11　激發創造力心智圖

四、在子題間配置圖示或關鍵字，或是改變枝幹的顏色，一邊享受繪圖的樂趣，一邊將心智圖畫成色彩繽紛的圖案。

五、完成之後，把可以群組在一起的項目用雲朵形狀的線條包起來，分離的子題之間如果有相關性，也可以用箭頭連接起來。

六、瀏覽完成圖案。此時可以整理一下標題，或是追加標題讓它更完整。

◎擴散思考技法五——NM法

NM法是日本的創造工學研究所所長中山正和先生所創，因而以自己名字的羅馬拼音來命名的發想思考架構。一開始主要是用於商品開發，不過最近也常被用在改善業務、開發新服務或是軟體上。這是一個在日本廣泛運用的發想思考架構，案例請參考圖六．十二的「減少會議時間」應用。NM法有以下六個產出創意的步驟：

一、設定對象與主題。

二、決定表現主題的關鍵字（易於聯想的東西）。

三、從步驟二進行類推發想。

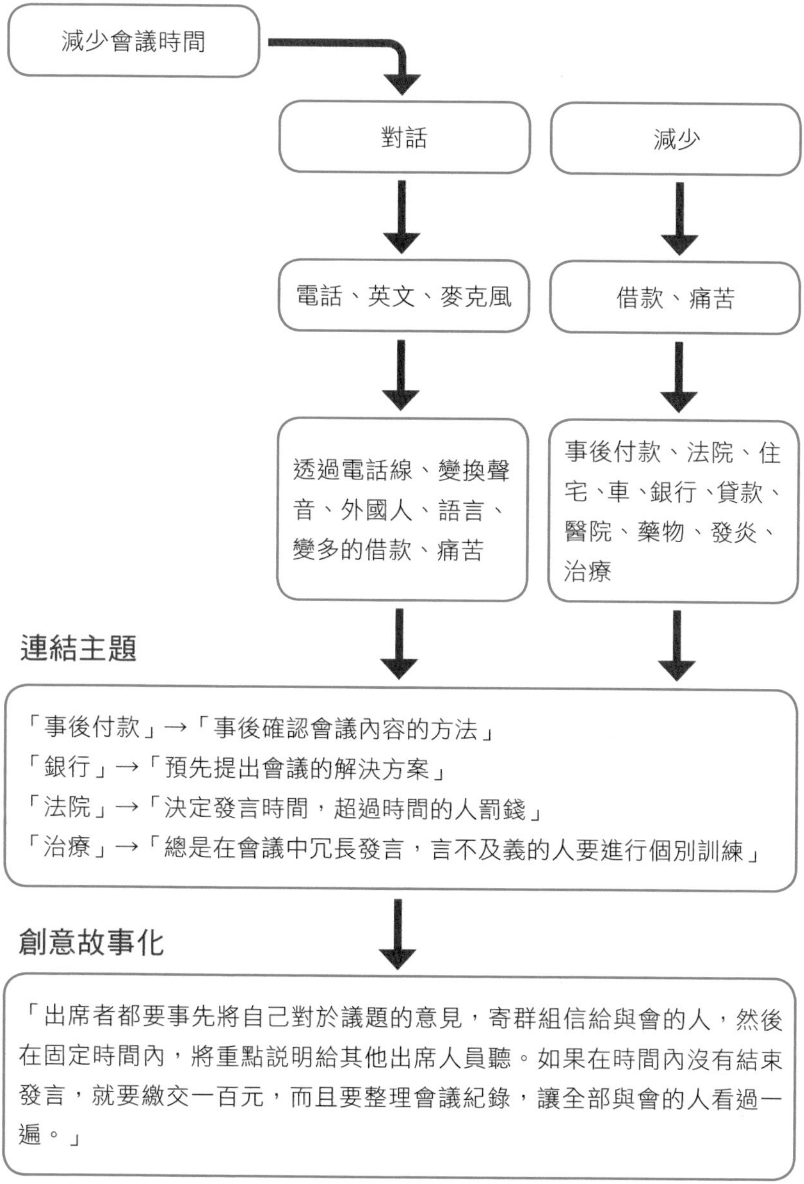
減少會議時間
對話
減少
電話、英文、麥克風
借款、痛苦
透過電話線、變換聲音、外國人、語言、變多的借款、痛苦
事後付款、法院、住宅、車、銀行、貸款、醫院、藥物、發炎、治療
連結主題
「事後付款」→「事後確認會議內容的方法」
「銀行」→「預先提出會議的解決方案」
「法院」→「決定發言時間，超過時間的人罰錢」
「治療」→「總是在會議中冗長發言，言不及義的人要進行個別訓練」
創意故事化
「出席者都要事先將自己對於議題的意見，寄群組信給與會的人，然後在固定時間內，將重點說明給其他出席人員聽。如果在時間內沒有結束發言，就要繳交一百元，而且要整理會議紀錄，讓全部與會的人看過一遍。」

圖 6.12　NM 法示意圖——以減少會議時間為例

四、尋找步驟三的背景要素或構造、功能。

五、連結步驟四和主題，發想創意。

六、過濾產生的創意，或是將創意連結起來，決定出一個解決策略。

◎聚斂思考技法有助於解決問題

先擴散思考再聚斂，是創造思考的一大原則，許多人專注於擴張、發散，創造出極多的點子、構想，但一味地激盪出成千上百個新奇古怪的想法，卻缺乏有秩序、有系統的整理，則未必是好事，也可能浪費人力、時間，糟蹋了點子本身，對解決問題也沒有助益！

因此，在創新問題解決的八個步驟中，若過度偏重擴散思考，反而只能在原地打轉。至於聚斂思考工具，也是從擴散思考工具轉化運用，譬如九宮格法也可成為創意點子整理分類的工具。

以下介紹幾個較常用的聚斂思考工具。

◎聚斂思考技法一——問題網絡澄清法

好的解決方案，往往來自搞清楚真正的問題在哪裡。問題網絡澄清法（Webbing）可以幫助你釐清，什麼是你真正想要解決的問題或克服的挑戰。採取的方式如工研院創意中心練友梅整理的問題網絡澄清表（見圖六．十三），中心為想要解決的問題或挑戰，往上問目的：「為什麼想解決這個問題？」往下問「什麼阻止了你，讓你沒有辦法得到你想要的？」將獲得的答案，轉化成真正想解決的問題或克服的挑戰，拉開問題或挑戰的思考空間，獲得原有問題及整體相關問題的全貌。

所以，當一個問題處理了很久或討論過很多次，仍沒有好的解決方案，或不清楚真正的問題點所在時，都可以用這種方法。實施的步驟如下：

一、釐清最起始的問題陳述，寫在問題網絡澄清表的最中間那格。

二、往上問「目的是什麼？」，然後將目的轉換成以「如何」開頭的問句。

三、繼續問「還有其他目的嗎？」，再將所得的其他目的轉換成對應的「如何」問句。

四、往下問「什麼阻止了你？」，寫下答案。然後將答案轉換為「如何」的問句。

五、再繼續問「還有什麼阻止了你？」，發展出相關的「如何」問句。

六、用直覺地打星號的方式，找出真正應該優先解決的問題，或需要克服的挑戰。

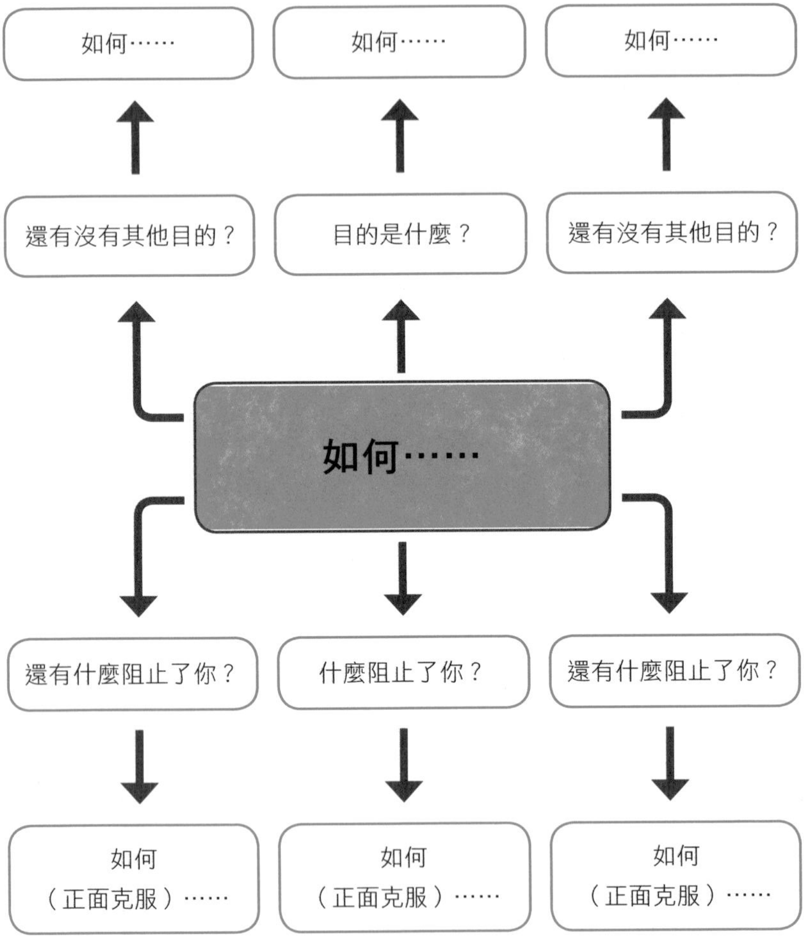

圖 6.13　問題網絡澄清表

◎聚斂思考技法二——問題分析法

確定用戶在使用各式各樣的產品時所遇到的問題，是開始發想新產品創意的第一步。使用問題分析法蒐集消費者問題的主要方法包括：

一、**專家意見法**：對研究範圍內有經驗的專家進行簡單的研究，這些人大都會提出很有價值的意見，而且是花費不多且易於得到的意見。

二、**常用的產業研究報告**：企業過去對相關課題的研究、政府報告、社會評論家的調查報告、大學裡的科學研究等。許多人對消費者利益很感興趣，即使他們的看法存在偏頗之處，但他們不斷進行的調查仍有助於看清問題。

三、**直接詢問消費者**：

（一）**集中小組法**：目前這方面最流行的方法，這種方法依靠深入的討論而不是參加人員的多少，運用集中小組法時必須注意以下幾個問題：

- 真正的問題是什麼？如果這類產品創意不存在將會怎樣？
- 目前的成員對這類產品的態度和處理方法是什麼？

● 成員希望的產品屬性和功效是什麼？
● 成員的不滿意之處、問題和未滿足的需求是哪些？
● 這種產品會使成員的生活方式得到什麼樣的改變？

（二）**用戶小組法：**召開討論會要比單獨調查來得容易些，而且與會者也比被調查者更嚴肅認真。不過，他們也會發生參加討論會的疲勞感，或喪失獨立性。對於慎重的問題分析來說，這顯然並不是理想的辦法。

（三）**用戶觀察法：**有些公司使用模擬廚房，觀察人員則在鏡後觀看；商店內的購買行為也常用這種觀察法來研究。這種方法最明顯的缺點是只能辨別問題，因為這種方法排除了用戶口頭表述問題的可能性。

（四）**分析意見紀錄和報修紀錄法：**這種方法比前幾種都簡單，一些企業的研究報告說明，研究這些不滿意的情況，可以使企業對消費者的問題有更好的理解。意見分析實際上是一種心理投影技術，需要有經驗的分析人員來進行。

總之，問題分析法是目前所有方法中應用最廣泛、方法最多樣的一種。

◎聚斂思考技法三——引導式腦力激盪法

凱文・柯伊恩（Kevin P. Coyne）與蕭恩・柯伊恩（Shawn T. Coyne）在《百發百中》（*Brainsteering*）書中，認為傳統的腦力激盪會議主張自由開放，容許與會者提出異想天開的意見，又不容許批評，結果就是浪費時間，而且得不到具體的成果。書中認為個別思考的重要性不下於團體思考，擴散性思考必須受到適度的限縮，並強調分析性思考的必要性，因此提出如下的公式。

引導式腦力激盪法的關鍵在於問對問題和用對方法。一個好點子往往來自於好問題，而能夠讓人不斷創新突破的好方法，也往往跟先前學的方法不一樣。引導式腦力激盪會議的進行方式如下：

一、**先說明提案的門檻和限制**：避免好不容易獲得的成果，因為規章限制而無法執行，不僅浪費時間，也會打擊士氣。

二、**提出好問題，確定每個討論主題的關鍵性**：如果問題的重要性不夠，寧可刪除也不要浪費時間討論。

創意（右腦）＋邏輯（左腦）＝強效構想

三、**選擇對的人參與會議**：主管、專家和太喜歡講話的人，都是會影響會議成果的不當人士。

四、**每組人數三到五人**：每階段構思一個指定的主題，時間約四十五分鐘，由主席視情況調整時間的長短。階段完成後各小組交換主題，繼續進行下一階段，共進行四到五個階段。

五、**一開始先對全體人員進行任務說明**：讓每位成員確實了解會議目的及進行討論的固定公式，同時可設定激勵措施，例如各組捐出若干獎金，由提出最佳構想的小組獨得，最佳構想由各小組共同評定。

六、**討論後自行選出二到三個最佳構想發表**：討論成果是否實際執行，應在最短時間（隔天）決定，並告知成員。

◎聚斂思考技法四——逆向思維法

擴散思維之後，再用逆向聚焦，往往會產出意想不到的功效。應用逆向思考法取得成功的實例極多，包括：

一、**結構的逆向**：任何產品都有它組成的方式和結構，透過改變結構，甚至與原結構逆向，往往能讓產品更棒，甚至開發出一種新穎的替代性產品。例如，輪胎有內外胎，是充氣、空心的，德國發明一種新型輪胎與傳統的結構完全相反，無內外胎之分、不充氣、是實心的。輪胎的橡膠間密布著極小的氣泡，使輪胎仍保持一定的彈性和承受力，成功克服了輪胎易被釘子扎破、需要充氣等缺點，受到了用戶的歡迎。

二、**位置的逆向**：位置的逆向指空間位置上下、左右、前後、裡外的變換或逆向。例如，最初一般電冰箱的冷凍室在上面，冷藏室在下面。但是冷藏室使用的頻率較高，設計在下面不如上面方便。因此松下電器所設計的電冰箱，將兩者的位置顛倒了一下，把冷凍室放在下面，冷藏室放在上面，顧客使用起來就更方便了。

三、**功能的逆向**：把某些事物的功能逆向使用，往往會取得更好的效果。例如，吸塵器的發明人布茲（Cecil Booth）原先發明的是「吹」塵器，透過「吹」，反倒將灰塵吹起來，搞得到處都是，引起別人的反感。後來，他把「吹」改成了「吸」，只透過一個簡單的功能逆向，效果就截然不同，紙屑、灰塵全被吸進了機器內的口袋，這才使吸塵器具有了真正的使用價值。

四、**工藝的逆向**：對傳統、常規的工藝流程，有時透過逆向思維，可取得出乎意料的成功。例如，造船工業歷來都是「由下至上」，大量的焊接工作都得抬著頭操作，讓工人十分勞累。後來德國一家造船廠來了個技術逆向，整個工業改為「由上至下」，工人由抬頭幹活變成低頭幹活，大大減輕了勞動強度，進而縮減了造船週期。

◎創意生成與創新管理

創意來自於豐富的創造力，創造力的培養決定於開放性的人格特質，敢於想像、充滿好奇、樂於聯想、勇於類推。專業的素質也很重要，對某領域的長期浸潤、熟悉原理、掌握變數、洞悉竅門，自然舉一反十。創造力也決定於所處的環境，尤其在開放、正向、激勵的團隊中，相互協力、碰撞、補強，或是在輸人不輸陣下的競爭較勁，均會激盪出更多的點子。

中興大學陳明惠教授將其研究整理成一目了然的創造力矩陣。創意層次有四，分為文化、組織、團隊及個人，創意過程以能力、歷程與產出三種方式表現，四乘三等於十二的方格，每一方格中都飽含創意的內容與學理，如表六．一所示。

創意矩陣中的每一項分析與應用，十分有助於創意商品開發或文化服務活動。不僅綱舉目張，而且對創意的生成有很好的分類線索，有助於創意的生成與創新的管理。

許多個人、團隊、組織或文化中，因為缺乏或不鼓勵創新改變，長年累積固定的心智慣性或作業模式，未曾挑戰其前提假設或運作的合理性，特別是文化傳統的信仰儀式、權威法統、慣例更是數百年如一日，創意產業要挑戰、要創新的對象正是這些。

因此，我們的思維方式必須重新改造。本章大篇幅討論了擴散思維、聚斂思維及其思考工具，透過這類思維激發出來的點子，必須加以記憶、儲存、連結、激發，產生從涓滴、漣漪到浪潮般的效應。個人對於創意點子的生成有些體悟，在此提供讀者參考：

一、由於腦部具有瞬間即忘的特性，每個點子僅在腦中停留十五到二十秒；這期間沒和別的點子相結合，便會消失，因此要動腦也要動手做！

二、點子一想到就要記錄下來，一旦出現便會接二連三湧現；記點子最好附上圖畫、符號、文字，才可一目了然，若來不及亦可利用手機錄音及時保存下來。

三、把記點子的方法規則化、架構化，那麼想點子

	創意過程			
		能力	歷程	產出
創意層次	文化	創意文化	歷史	創意產業
	組織	人性化組織	創新的氛圍	創新產品
	團隊	團隊競合	團隊創意技巧	複雜產品
	個人	個人性格的表現	個人問題思解	主觀創作

表 6.1　創造力 3×4 矩陣

就會成為生活習慣，每天累積一些，增刪調整，組合連結，便可建築創意金字塔。

四、大量湧現的點子是零散的、未經組織的，但運用思考技巧便會彼此結合成「複合狀態」，經過一段時間醞釀後就會產生新構想。

五、在觀察或使用實物的過程、期許更佳的功能、思考未來的技術、市場和影響時，是點子會迸發的時刻，當然借用他人想法也是訣竅之一。

六、想促使更多更棒的點子，每三天或五天就要整理回顧，一想到即做筆記，與別人討論，別人包含上司、部屬、家人或客戶。

七、與不同領域的專家相互交流、請益，找比自己更聰明、更有經驗、或更年輕的人，跨領域、跨世代激盪出更多創意火花。

八、點子必須反覆醞釀琢磨，甚至捨棄，才能萬中選一，因此有時要從上下、左右、前後打量，更要直指核心，回到事物的本質思考。

九、對較成熟的點子需大膽提問，結合原有知識，有層次、聚焦地打破砂鍋問到底。提問是主動學習的關鍵！

第七樂章

對話迴響

當我們遇上你們

Conversation and Feedback

團體合唱

群體動力的激盪和交會

行腳兩岸和華人藝文世界，我們越發感受全球化對華人世界的文化衝擊，麥當勞、星巴克、摩斯等世界品牌，動輒在北京、上海、天津、香港、台北、新加坡屢創開店的高峰，而歐美日韓的電影和音樂也如入無人之境，在這些華人城市日夜搶占大多數人的耳目。

當我們大聲高喊「文化創新」與「多元文化」的時候，我們的第一件功課是，應該先回過頭來審視自己的文化，正視它的優缺點，並經由「文化自覺」，找出我們在全球化與文化多樣性中的差異特性及核心價值。

◎兩岸關於文化自覺的三角對談

周　典（廈門大學藝術學院客座教授）

黃丙喜（台灣科技大學EMBA教授）

劉庭祥（海峽商業雜誌社長／觀天下文物公司董事長）

黃丙喜：「智慧的特徵是自己成見的不斷瓦解，和對於新印象的不斷容納。」旅美文學家夏志清的這句話說明，創意及創新是人類文化能夠豐富多元地發展成長的一大動力。文化經由文學戲劇等載體，傳達的是人們豐富多元的智慧。

當今世界，文化在任何社會的發展中都變得越來越重要。英國社會學家德布雷（Regis Debrag）說：「二十世紀是一個重視自己在經濟生產過程中處於什麼位置的年代。二十一世紀，至關重要的是自己處於什麼樣的文化。」

任何本土文化在世界文化中必然有它的優點、特色和缺陷；因此，**每一個民族都必須擁有高度的文化自覺及正確的文化意識，積極地認識自己和其他文化的精髓，提高或強化文化的轉型、取捨、改造和創新整合的能力，為人類社會開出更多燦爛的智慧花朵。**

劉庭祥：「文化自覺」確實是我們在談創意經濟之前首先要有的感知和感悟！一個民族的文化自覺過程，先要對自身文化的來歷、形成、特色、發展趨勢有深刻的認知，進而經由對文化轉型自主能力的增強，有條件地在多元化的世界裡確立自己的位置，並和其他民族的文化和諧互動，各抒所長。

二十一世紀的世界是，中國已進入世界，世界也進入中國，加上台灣、香港、澳門、新加坡以及散居在世界各地的華人，構築了全球文化世界中一股無可迴避的「中華文化」浪潮。隨著中國經濟的崛起，十幾億華人的生活態度、心智思維、價值規範等，勢必引起世人的重視。

問題是，正如澳洲學者索羅斯比所說，文化有正反兩面的意義，正面的意義隱含道德以及提升生命的特質，但在這種定義下的文化，卻也可能形成殘暴的壓迫工具。蘇聯時代的藝術家如蕭士塔高維契（Dmitri Shostakovich），其作品經常被掛上蘇聯文化之名；納粹、宗教戰爭和種族淨化也經常以文化為藉口，還有幫派文化如黑手黨文化等等。所以，中華文化的自覺也要在文化的正反意義中找出正向的價值。我們不能不冷靜地自問：「中華文化自覺的最終取向是什麼？在現代化、全球化的過程中，如何實現中華文化的自覺？」

周　典：黃丙喜教授在廈門大學文創產業研究中心講課時，有次放了一段《譚盾之臥虎藏龍》的影片，來說明自覺、創意、開放、兼容並蓄對於文化發展的重要。它所呈現的中國國樂的動感起伏，與西洋交響樂的精準和諧，讓我印象深刻。

《譚盾之臥虎藏龍》的主節奏是國樂，國樂有「易放」之長，但有「難收」之短，譚盾的高明之處在於他精準地加入了西洋的大提琴，以大提琴的寬廣音域來補易放之氣、減難收之餘，所以武藝、俠氣、真知、情愛互相舞動，節奏、揮弦和打擊互換，高低飄逸如行雲流水，上下起伏如飛越千山。

◎多元化、差異化與特質性

黃丙喜：李安導演的《臥虎藏龍》在二〇〇七年獲得奧斯卡最佳外語片。他在頒獎典禮上說：「感謝台灣的家人、大陸的朋友和香港的夥伴。」一語道出了華人文化創意的迷人之處和潛力。

「民族文化重要嗎？」美國知名的經濟學家科文（Tyler Cowen）曾向我們丟出這個問題。在談這個問題前，我們不必諱言，一個全球化的文化世界，可以讓我們領略世界文化多元性的豐富面貌。想想看，金凱瑞（Jim Carrey）這位活躍在世界電影裡的加拿大喜劇明星，如何帶給台灣的我們歡樂，就能輕易理解。

周　典：我們如果放長歷史的觀察，確實就會發現如科文所講的，同質性和異質性的增加其實是一枚硬幣的兩面，而不是相反的過程。全球化的貿易和交流，會使得一些民族的文化變得更為豐富燦爛，希臘的建築就是得利於埃及營造及雕刻技術的流入；但是，**我們也不能忽視全球化會讓國家社會變得「同樣多樣化」，所以，如果單一民族不去追求自主文化的創造性，不僅會淪為失根的蘭花，更重要的是不會感動人心。**我們可以這樣說，多元化的核心價值在於差異化、特質性的再生。文化是根基於一個民族在一段相當時空環境中日積月累的生活方式、風格及思想、信仰。因此，各個民族的文化自覺，是讓全球文化能夠更加豐富多元的動力。

劉庭祥：周教授的講法讓我想到十九世紀法國社會學家涂爾幹（Emile Durkheim）所寫的《社會分工論》（*The Division of Labor in Society*）。他說：「儘管不同的社會不斷趨於相似，但不等於個人也是如此。與此同時，各大區域的差別也在逐漸變小，但個人的差異卻在變大。」全球化帶來的是多樣化選擇，但任何民族對於自己的文化，得要格外認知其中的優缺點，才能經由自覺，進而產生文化身分的認同。

我進入大陸的藝術市場十幾年了，非常大的感觸是，我們一切都講求速成。中國過去三十年經濟改革開放所創造的人類經濟歷史傳奇，更讓現在許多人充滿急於求成的激情。**文化的積累是一個漫長的過程，它的表現不能只靠經濟的硬體去構築，而必須用更冷靜的心，先去探索、發現和消化文化的精髓，才能軟硬融合，發出動人的韻律和樂章。**

◎文化的精髓——時空積累、軟硬兼容

黃丙喜：關於劉社長的話，解崙、何小台、范揚松和我經常談到這個話題。大陸現在的文化創意產業園區，規劃都十分龐大，動輒十幾平方公里，理想和氣勢也都不小，但是比較遺憾的是，幾乎都是從房地產開發的角度來思維，而且主政者多半都從短期政績的立場來行動，這是很大的傷害。大陸現在文創園區吃不飽的現象普遍存在，而且同質性太高，例如很多地方都想搞孔子學院，如果不改變基調，估計浮濫危樓的現象很快就會發生。

台灣大學財金系教授楊雅惠寫了本書《經濟的創意樂章》。她說了段「蘇格拉底小屋 vs.

秦始皇阿房宮」的故事，點出蘇格拉底的小屋僅容得下幾個知心朋友來對談，但在人類理想和美德的意義及成就上，卻遠非氣派萬千的阿房宮可比擬。大陸現在到處設立文化創意園區的現象，曾經在台灣上演，於是蚊子館全台皆是，到現在都還不知如何消化。英國是全球文化創意產業的發源地，我看他們絕大部分都是利用老舊建築或產業社區來進行更生，與舊有的產業和社區做很好的連結，真的是在產業上利用文化和創意來增加新的價值。

劉庭祥：我非常同意黃教授的看法，文創產業在追求硬體目標前，應該先有軟體方面的規劃思考。國家社會的資源有限，在投入硬體建設前，真的需要考量整個中華文化現在被消化的強度，是否真能遍地開花，各地區的本土特色是否真能掌握，也可凝聚成一個產業經濟鏈，否則千城一相，如何永續？

截止二〇一二年年底，中國城鎮人口達到七．一二億，人口城鎮化率提高到五二．五七％，達到世界平均水準。但是中國社科院城市發展與環境研究所副所長魏後凱卻給出了九個字的評價：「速度快、品質低、不協調」，指的是市民參與化的程度比較低，發展方式比較粗放，城鄉發展不協調。

文藝復興是人類史上文化藝術最為輝煌的時代。文藝復興對於現代創意產業的意義在於，

雋永的文化精髓，卓越的鑑賞和交易的社經機制，以及睿智的政府決策，正是推動創意產業的三個支柱。

周　典：近年來，中國崛起的現狀令西方學者反思，美國著名學者福山（Francis Fukuyama）修正了自己「歷史終結論」的觀點，他表示：「中國模式的有效性證明，西方自由民主並非人類歷史進化的終點。人類思想寶庫要為中國傳統留有一席之地。」這對未來兩岸進行民族文化自覺的過程帶來重大啟示，尤其是對台灣創意工作者往往過度迷思「西方價值」的優越感提出警語！

中華文化自覺的最終取向是什麼？在現代化、全球化過程中，如何實現中國文化自覺？我最近聽了很多有關創意美學的演講，特別是黃教授從行為經濟和神經科學的角度談的「創意經濟」和「神經行銷」，讓我快速地回想到，劉勰的《文心雕龍》和王國維的《人間詞話》，其實充滿了文化美學的真知灼見。這裡面提出許多有關意象境界的說明，做為一個時代的社會人文資產，有其獨到之處，我們如果加以發揮，一定能與西方文化美學相互輝映，令人耳目一新。

劉庭祥：文化自覺是文化主體自我意識的覺醒、文化自我創建的形塑和文化變革的實踐；它本質上反映出，人類實踐過程中深刻的文化思考、廣闊的文化境界、執著的自由精神與人性解放，並具有高度的人文關懷和社會責任感。由於文化自覺對社會發展有著很強的滲透力、感召力和驅動力，可說是一個民族走向強盛的精神引擎。

著名的社會學家費孝通認為，文化自覺是一個艱鉅的過程，只有在認識自己的文化、理解並接觸到多種文化的基礎上，才有條件在這個正在形成的多元文化世界裡，確立自己的位置，然後經過自主的適應，和其他文化取長補短，共同建立基本秩序和共處原則，使得多種文化都能和平共處、各抒所長、聯手發展。

◎一九四九——華人文化及創意泉源

黃丙喜：全球化的核心價值其實在於「全球在地化」（glocalization），這是英國經濟學者羅伯森（Roland Robertson）早在一九九二年就提出的概念。它指的是跨國行銷應該導入符合當地文化和社會需求的想法，並適度調整商品和服務的內容。

台灣科技大學設計學院在二〇一一年開始超越德國、日本和韓國，成為全球工業設計的第一學府。我分析了那些學生得獎作品，都非常適切地把台灣在地的文化元素納入其中。我們想想畢卡索、張大千的藝術成就何以受世人推崇，就是以本土文化為根，而後又時時勇於接受世界文化的精髓，敢於創新。講到張大千，我想到溥心畬、黃君璧這些一九四九年來台的藝術家，他們因為時空轉換又吸收到新文化衝擊，使他們的藝術成就又達到新的境界。

劉庭祥：「李安現象」其實從一九四九年開始就一直發生，張大千堪稱其中首例。抗戰勝利後，他先後在法國巴黎、英國倫敦、瑞士日內瓦和國內各地辦畫展。一九四九年國共內戰，他避居香港，遊台灣。一九五〇年，應印度美術會之邀赴新德里舉行畫展，並留居印度大吉嶺，其間曾去阿旃陀石窟臨摹壁畫，以之與敦煌石窟壁畫進行比較研究。在印期間所繪作品多精細工筆，且著有《大吉嶺詩稿》。

最為重要的是一九五六年，他赴法國與西班牙抽象派大師畢卡索會見，開始將西方抽象主義的理念應用到中國傳統水墨畫上，並發展出潑墨山水的風格。一九五八年，以寫意畫《秋海棠》被紐約國際藝術學會選為世界大畫家，並榮獲金獎。此後相繼在法國、比利時、希臘、西班牙、瑞士、新加坡、泰國、德國、英國、巴西、美國及香港等辦畫展。

一九六八年，他在這年畫的巨幅絹畫《愛痕湖》，二〇一〇年在北京舉行的中國嘉德春拍以人民幣一億零八十萬元的天價成交，創下中國近現代書畫首次突破億元的紀錄。二〇一三年一月二十一日張大千一幅《潑彩山水》鉅作，在山東濟南翰德迎春拍賣會上，以二．五億元人民幣的天價成交，再創中國書畫作品的成交新高。

一九四九，是中國近代史的分離，卻是文化藝術史的新生，今後隨著兩岸文化的交流，將可創造出更多的李安效應。關鍵是，大家要用更開放、包容及吸納人才的心胸去培育。現在可喜的現象是，越來越多人認同這種兩岸整合的優勢。

周　典：台灣過去四百年間受荷蘭、日本、西班牙等外族統治，加上相對接受歐美文化衝擊較多，在全球化上確實有值得借鏡之處，也是中華文化躍向國際化的一大資源。

二〇一〇年上海世博會中，台灣「軟實力」與大陸「硬建設」的完美結合，讓全球驚豔中華民族深厚的文化底蘊和創意思維。這場文化饗宴也讓兩岸文創人士在上海向世人宣告：「文明將是中國崛起的翅膀，創意更是知識經濟的引擎。」華人的藝文創意領域，事實上存有很多可以攜手面向世界的機會。

◎北京七九八——文化創意的一個借鏡

劉庭祥：「早上到長城，下午去七九八，晚上吃烤鴨」，這句北京的順口溜，印證了近年七九八的旺盛人氣。這個占地十平方公里的包浩斯建築風格視覺藝術園區，原本只是荒廢的大陸國營廠區和兵工廠，如今聚集著近兩百家畫廊、藝術家工作室、策展人辦公間以及咖啡館、酒吧等；在許多國際旅遊刊物中，七九八藝術特區已經與故宮、長城並列為北京三大旅遊勝地之一。

七九八藝術區的名氣現在越來越大，藝術品成交量也與日俱增。二〇〇四年以來，瑞典首相、瑞士首相、德國總理、奧地利總理、歐盟主席、比利時王妃、法國總統希拉克夫婦等都先後參訪過，他們認為七九八藝術區很好，沒有想到中國還有這樣表現活躍思想的好地方，體現了中國改革開放的成果。

二〇〇三年，七九八藝術區被美國《時代》（*Times*）雜誌評為全球最有文化標誌性的二十二個城市藝術中心之一。同年，北京首度入選《新聞週刊》（*Newsweek*）年度十二大世界城市，原因在於七九八把一個廢舊廠區變成了時尚藝術社區。二〇〇四年，北京被列入美國《財富》（*Fortune*）雜誌一年一度評選的世界有發展性的二十個城市之一，入選理由仍然是七九八。

創意產業有助於推動特色城市形成，也有助於推動城市空間結構的不斷優化。

黃丙喜：我的看法是，七九八是十年前的產物，以那個時期的規劃來說的確不容易；但從中華文化的深度、廣度、高度及融合度來看，仍有所不足，而且在精緻的細節度、人性度、生活休憩的元素上沒有充分發揮，在文化知覺上也還沒有充分激發人們對文化的自覺。北京做為其中的軸心，它的意象似乎也不是那麼鮮明和鮮活。

我經常在大陸各地講學，也趁機去參觀一些有歷史的古蹟，發現那裡蘊藏著很多的人文藝術價值；但可惜的是，整體的展設、動線的規劃乃至講員的解說程度，仍然缺乏人性服務的精緻。**人的服務是文化創意產業的生命。**

我要強調的是，文化自覺並不是文化民族主義。歷史已經顯示，偏狹的民族主義只會造成人類社會的動亂，並導致如拉克（Rudolf Rocker）在《民族主義與文化》（*Nationalism and Culture*）書中所說的「令人窒息的政府管制」。文化的價值在於經由豐富多元的藝術，令人浸淫在真善美的愉悅之中，豐富多元的來源正是一個個有獨特生命力的民族文化。

劉庭祥：法國、韓國和日本是文化自覺十分成功的國家。我認為，文化自覺的成功絕大部分要靠民眾的自發和共識。法國、韓國和日本的電影工業還能在美國好萊塢的強大攻擊下綻放出美麗的花朵，固然是有政府在國際化潮流中「文化例外」原則的堅持，但**民眾對於自己文化的流失有非常深層的危機意識，才是關鍵。**

左岸咖啡的店家數在法國一直遠遠超過星巴克，就是一個很好的例子。反觀在台灣、香港、澳門乃至大陸，星巴克卻幾乎滿街都是。法國、韓國和日本人經常笑我們是缺乏文化自覺的民族，不能說沒有一些道理。

廈、漳、泉同城化的發展是福建城鎮化工程的核心項目，廈門做為閩南國際化程度最高的核心城市，自然有引領「閩南文化」向世界發展的使命，這就是一種「文化自覺」，也是廈門文化政策的核心價值。我近年來一直思考，海峽兩岸積聚的「閩南文化」的確有機會成為世界文化中的一個亮點。

黃丙喜：不只閩南文化，客家文化和原住民文化都有發展的空間。我們看看北歐國家的瑞典、丹麥，國家不大，人口也不多，但人家可是創意的大國。可見大小不是問題，有沒有心去啟動這種潛能才是重點。

我們試問，哪些是我們文化的精髓呢？文是紋，等於歷史的各項人文紀錄，有文才有化，化是產業化的動詞。說是簡單，卻是一項很嚴肅的工程。我們如果不先靜下來做些吃力的調查、蒐集和研究，很多的建設、展覽和活動就很容易淪為曇花一現，結不了果，更不要說感動自己和感動別人。文化創意如果不能感人，也不能讓人思考，就沒有價值了。

◎賦新農村文化的午後對談

農村是很多人的記憶，也是很多人的鄉愁，因為一九六六年那一段文化衝擊，它更因此蘊藏了兩岸出奇不意的創意空間和經濟、文化的價值。加拿大學者薛佛在其著作《經濟革命還是文化復興》中指出，二十一世紀是全球經濟發展的另一次革命，世界的主要經濟發展，將由過去以工業為導向的產業經濟，轉向以文化為核心的新經濟時代。

朱邦雄（美濃窯創辦人）
林享能（前農委會主委）
黃丙喜（台灣科技大學EMBA教授）

黃丙喜：文化創意產業的定義至今眾說紛紜，英國學者大衛．海斯莫汗（David Hesmondhalgh）的定義被認為是最精準的。他認為：文化產業的製品都是文本，可以任人加以解讀。文本包括歌曲、敘事或表演等，主要是為引起人們的心智反應，充滿豐富的表徵意涵，藉此達成溝通的目標。

根據這個定義，海斯莫汗提出了「核心文化產業」一詞，內容包括廣告及行銷、廣播與電視產業、電影產業、網際網路產業、音樂產業、印刷及電子出版業、影視與電腦遊戲產業。面對未來必須融入文化和創意的新知識經濟時代，產業文化化和文化產業化都被賦予產業新生命的重責大任，例如現在大部分車輛、手機、資訊產品都會涉及文化性的設計，而地方性的農特產品也會涉及創意元素的運用。台灣近十年來，精緻農業和特色、休閒產業做了很好的創意整合，十分值得探討。

林享能：中華民族以農立國，農村是我們大多數人一生中非常重要的生活記憶，農村中的點點滴滴已經匯聚成中華文化的主要礦脈，它當然是我們在談文化創意時不能忽視的一塊瑰寶，特別是創意的動力本來就是新與舊、傳統和現代的對比，兩岸的農村和農業尤其是經過一九四九年歷史分離的衝擊，更有文化的內涵和意義。

文化創意產業的精義在於以文化為底，創意為輔，加以運用在產業並開發出新的產值。澳洲於一九九〇年代，即推動全國性之文化政策，建設創意國家（Creative Nation），英國推動文化產業亦卓然有成。日本、韓國、新加坡、泰國、馬來西亞等投入文化創意產業，也成長迅速。

二〇〇九年七月十六日，行政院公布推動六大新興產業，標榜以新思維為產業找未來，所推動之六大新興產業，包括生物科技、文化創意、綠色能源、觀光產業、醫療產業、精緻農業等。事實上，每項都與農村建設和農業文化有關，如生產特用作物或畜產，供為生物科技之原料；整合農地做為太陽能發電與農業生產綜合經營；利用鄉村景點，改善周邊環境及生活品質做為觀光景點；利用鄉村優美環境，設置醫療院所，收容慢性病患及老人；深化精緻農業，壯大一鄉一特色等。我深信，文化創意的新思維和新做法，將有助於農村和農業的再生。

美國學者甘恩（Giles Gunn）在《批評文化與文化批評》（*The Culture of Criticism and the Criticism of Culture*）書中說，文化是產業的背景與容器，很值得我們深思。

朱邦雄：我們回顧歐洲藝術與產業的發展歷史，就會發現文化和創意的價值其實超越了單一產業。

哈佛大學的經濟學教授克利夫頓．沃頓（Clifton Wharton）曾經批評部分學者老是在追求完美的定義，是不切實際的做法。我三十年前就講文化創意產業，它的精髓在於產業經由文化和創意的運用，提升也創造了新的價值。

以海斯莫汗所提的劇院及視覺藝術產業為例。其實，劇院與視覺藝術並不是什麼新興的行業，它就是「藝術」進入了劇院和產業，早在十八世紀工業革命以前就有藝術家仰賴藝術維生了。工業革命後，藝術品進入了工業生產的體系，而被產業化了，例如古典音樂被製成唱片，大量地複製而行銷全球，使它更通俗化、大眾化，就是最典型的藝術與產業結合的例子。

對人類來說，它成了新產業，這比較重要，因為它對人類的經濟和文化價值都有貢獻。相對地，學者阿多諾（Theodor Adorno）所強烈批判的「文化工業」，就不是那麼重要了。

◎農村、土地和創意

黃丙喜：「文化是一套信仰或價值，賦予生活方式的意義，並且生產出物質和象徵的型態或形式。」文化地理學家布朗（Mike Crang）在《文化地理學》（*Cultural Geography*）中這麼說。聯合國教科文組織對於文化產業（Culture Industries）及創意產業（Creative Industries）的詮釋是，「文化產業」係指將一般無形及具文化本質內容之創作，結合創作、生產及商業化於一體。

事實上，無形及具有文化本質內容之創作，因地因人因物而異，並不限於印刷出版、多媒體、視聽產品、留聲機、電影產品，以及技藝與設計等，以台灣為例，至今已展現許多成功具有農村特色的文化活動及相關產業，如平溪的放天燈、墾丁的春吶春浪、貢寮的海洋音樂季、苗栗的桐花祭、美濃的白玉蘿蔔季、東港的黑鮪魚季、苗栗的元宵燈會及巨星演唱會、宜蘭的童玩節、達娜伊谷的綠色生態等，豐富多元。

林享能：文化創意產業基本上是以文化為主體，加上無形之創意，來創作產品。台灣四面環海，島中央有高聳之中央山脈貫穿，早已以精緻農業聞名，地景地貌可供營造出獨特景象分布各地，加以農作物及動植物、漁業的多樣性也十分豐富。我們比起瑞士其實有毫不遜色的天然環境。

在人文上，漢人有閩客，原住民有十四族，孕育之文化及傳統、建築、村莊及部落，具有多樣民俗，同時又保有傳統及現代，富饒的環境，誘人的美食，可供發揮的文化創意題材十分多元，非常具有發展潛力。

苗栗桐花祭為一件成功案例，已成為苗栗重要的節慶活動，以桐花為主題之創作，包括織布及製作之衣帽、提包、圍巾、陶瓷用品、紀念品、雕刻品，以桐花為品牌之食品等等琳瑯滿目，並且以節慶帶來的人潮，為苗栗帶來龐大的商機。

朱邦雄：任何一種文化和創意要能發揮令人驚奇和使人驚豔的感動效果，自己的族群和本土的凝聚力很重要。這種凝聚力要靠對自己文化的自覺和肯定，對自己創意能力的欣賞和珍惜，並以此化成整齊一致的行動，透過活動，來令人感動，引起尊敬。

我們常講客家文化、原住民文化，衣飾裝扮是這些種族很大的特色，也是文化的表徵，如果他們都能自形共識，共同約定在某些季節、活動中自動穿著民族服飾，也以此為創意的平台，一定能激起更多農村文化的火花。

◎把山水當布景，把樹木當畫料

林享能：我非常同意朱博士的看法，我與丙喜多年來就一直懷有這樣的理想。我們曾經倡議「農村種水計劃」、「山峰屏風造林計劃」，期待用新的創意來激發農村文化生命力和再造農村的經濟永續力，讓更多的年輕人回到農村。政府同意了這件事，可惜，民眾還得加把勁，因為共識還沒完全達成。

朱邦雄：我們三個都跑過五湖四海、大江南北，應該都會同意，台灣雖小，但人文、山川、風貌都很有韻味；大陸則大，人文、山川、風貌十分多元，特別是農村有許多共同又不同的故事，實在應該利用目前難得的兩岸契機，經由互動交流來激發中華文化創意的新意。

丹麥人類學家 Kaj Birket-Smith 在《文化之路》（*The Paths of Culture*）一書中說，文化就像一棵樹，一棵充滿神奇的樹，每一棵都與旁邊的另一棵不同，每一朵花都擁有自己的顏色和芬芳，每一枚果實都有自己的獨特和甘甜。每一種文化和每個民族都擁有自己獨特的印記，我們必須將它不斷地發揚光大。

我很同意法國地理學家白蘭士（Paul Vidal Blache）的看法，他說：「區域是以人群的相似性打造的勳章。」

我的看法是，平地一鄉一特產之資源，如三義的木雕、南投的茶葉、美濃的陶藝紙傘、高山地區原住民族富饒的文化資源（如烏來溫泉知性旅遊）、海洋地區的小琉球漁村及潮間帶、富基漁港等等，都很有整合及創意發揮的空間。

黃丙喜：社區意識是農村文化的根，也是幹和枝葉。我們曾經推動了一段十幾年的時間，可惜這幾年好似又斷層了，現在社會累積的高素質退休人力很多，有心的人也不少，特別是很多企業非常熱心地參與，我們應該把這個精神再次激發起來。農村地區還存在不少文化的資源，現在不加緊做，過幾年這些建物及載體恐怕又流失不見了。特別是我們剛才講的一九四九年，兩岸分離後的一九六六年代的大陸文革，一個保存和一個打擊後的斷帶，亟待兩岸趕快補起來，這會是文創中最有意義的事業。

林享能：文化和創意確實離不開歷史，變動、遷徙和分離、相聚都是人的情感中最生動的精華。想想看，多少動人的詩歌、戲劇和藝術創作從這裡開始動人心弦！

朱邦雄：我最近利用許多古典詩詞，創作了一些陶壁藝術，走進公共空間，引起很好的迴響和感動，其中呈現的其實就是陶淵明、王昌齡等詩中的田園意境。華人文化中有太多農村和農人的意象寶藏。

◎農村的特色文化加值產業

黃丙喜：剛才林主委和朱博士分別引用了 Birket-Smith 與白蘭士所闡述的區域文化產業特色，可惜，現在台灣農村的產業聚蔭就像它鬆散的親友關係，每一個鄉鎮都像是大地上的一朵朵小花，即使盛開，長期以來都沒有像猶太或亞美尼亞等民族文化一樣，能夠加以有效地整合、串聯與再創新，開出燦爛的花朵，變成令人留連忘返至少兩到三天的園地，進而創造出相對的文化和創業的產業經濟價值。

林享能：這其中的關鍵是，每個鄉鎮固然有其文化加值產業的特色，但我們對於該地區特色文化產業的核心特色、相互關係及競爭優勢，至今仍未有確切的資源性調查與完整的產業評估，導致在產業上無法集結成有垂直或水平互補效益的聚落（cluster）群體，在行銷上也沒有辦法產生相互串聯，發揮乘數的整合擴張（integrated）效果。

以台灣六堆地區為例，它是個客家的品牌，對內可以整合資源，集結發展的動力，對外它就是個六堆的名片及形象。但這個品牌目前還沒有充分與當地的文化及產業特色融合，加上十三個鄉鎮在產業經營上單打獨鬥，生產與行銷都難以達到經濟規模的最基本要求，以致既無法深耕六堆，每一個鄉鎮的特色又都變成徒然開在田野中的孤立小花，無法大步向前，跨出產業的格局。

朱邦雄：參照文建會與觀光局的定義，特色文化加值產業包括：文化創意產業、綠色休閒產業與地方特色產業。據此推論，客家特色文化加值產業應是具有客家血統及精神特質的文化加值產業。而另根據美國鄉村都市（Agurbs）振興專家舒茲（Jack Schultz）在《小城鎮成功關鍵》（*Keys to Big Success In Small Towns*）中所提出的衡量指標，南部六堆十三鄉鎮無論從人文資產、天然資源與產業結構的觀點來分析，都具有別於其他地方的客家特色。如果將農業和農村特色加進去，確有它的獨特之處。

六堆地區目前在鄉村知名度及產業價值上，美濃、六龜、高樹、萬巒、甲仙與內埔各有其獨立特色，惟受限於個別規模較小、自有資源有限，加以產業不論垂直整合或水平分工程度都有不足的情況下，無法自足變成一個產業聚落，也沒能經由有效的串聯或整合，成為一個具有住宿旅遊價值的觀光紐帶。

林享能：歐美鄉村城鎮一九九〇年以來發展的經驗顯示，鄉村城鎮的經濟成長得比大城市還快，創造的就業機會也比大城市還多，加上生活的消費成本比城市低，環境空間品質又遠非城市可比，因此開啟了鄉村城鎮發展的新時代。

充分利用規模經濟和外部經濟，以降低目標產業的生產成本，是現代農村文化產業維持動態比較優勢的核心要素。而規模經濟和聚落經濟，在農業特色文化產業中表現得尤為明顯。台灣農村特色文化產業的發展，有必要透過聚落的產業分工和合作，創造一個地理範疇的產業聚落與規模經濟，進而發展成為競爭的優勢。

我們期待的創意那回事

◎創意產業的精義

何小台（政治大學IMBA學程教授）
范揚松（國家文官學院講座教授）
黃丙喜（台灣科技大學EMBA教授）
解　崙（上海交通大學產業創意研究所所長）

解　崙：我們在第一樂章首先就創意的意義、範圍和價值，以及它和概念（idea）、創新（innovation）及文化之間的關係，由黃丙喜教授做出了精闢的分析，非常令人佩服，他讓我們對於創意經濟的特性和結構，有了清楚又簡明的了解。

大家以前對於創意、創作及創新的差異一直混淆不清，對於創作、創造和設計的層次也分別不明，所以要蓋起創意經濟的建築體就很難。現在，把創意經濟的主體架構確立之後，也要趕快釐清的觀念是，每一個產業都需要創意，文化做為其中的元素之一，或文化做為其中也應講求創意的產業之一，實在不適合用「文化創意產業」來泛指一切創意產業，而應把產業創意放回主軸，才是正確的做法。

黃丙喜：大道至簡，一切事務結構清楚了，相互的關係就會簡單易懂，行動也就會明確有力。創意當然也是如此，它必須簡單明瞭到讓大部分的人，特別是企業和組織的經理人，都能心領神會它的時代意義和創造其價值的方法，否則創意就變成紙上談兵，沒有達到教育和溝通的目的。

我們從心理學的分析，可以發現藝術家、設計師、文學家不是每個人都可以從事的職業，但是創意卻是身在現代的每個人要有的想法和做法。創意人所代表的意義和價值就在這裡。

解　崙：創意的定義很多，我發現大家最能了解的說法就是：創意人是用腦來創造價值；工人是用手，也就是製造；商人是用腳，也就是透過物流、交易的方法來賺錢。光用手腳賺錢現在已經不夠了，也就是像現在台灣和大陸的製造業、貿易商所面臨的OEM、ODM的困境一樣，我們必須靠創意的思維、創新的做法來創造新的價值，才能迎接未來的挑戰。

◎迎接高速脈動的世界，更需要創意

范揚松：今日的世界確實是一個高速變動的社會。產品、製程和組織都同步邁向Fast-clock speed（高速脈動）。以目前的製藥業為例，有次我們在歐洲大學和EDBA／EMBA們討論，發現利益率下降已經迫使這個產業的巨頭們，必須尋找新的商業和營運模式，老狗如果變不出新把戲，苦日子就會很快到來。

何小台：巨頭製藥業現在面臨的困境，其實來自於產業的結構已經有很大的變動。剛才范教授談到的世界經濟高速脈動現象，正好在製藥業發生。麥肯錫二〇一二年的研究發現，製藥業的結構變得越來越分散，大型製藥公司必須在產業價值鏈的某一個階段和專業製藥公司競爭，例如精於製造的普藥公司，靈活、專於臨床試驗、具備規模效益的生命科學服務供應商，以及長於創新的生物科技公司。

世界政府面臨巨大的財政赤字，刪減醫療保險恐怕已是無法改變的宿命，因此，製藥業未來勢必無法只靠降低成本來因應，也不能只靠購併的老把戲，創新是必須要加快的路。

解　崙：汽車、通訊、電腦、金融、保險、健康醫療，**沒有一個產業或行業可以不保持創意和創新，即便是受政府保護的國營事業，其間只有創新快慢的差別，沒有要不要的問題。**

◎創意產業的無形價值，需高於有形價值

黃丙喜：全球的文化產業也同樣遭逢這種巨大的結構轉變。有一本書很值得大家看，那是法國國家視聽研究所研究員馬特爾（Frederic Martel）寫的《主流》（Mainstream）。這本書研究了全球三十個國家的創意產業之後，發現在文化、傳媒和網路彼此高度結合的今天，再談論文化產業已經脫離實際，而應稱之為內容產業或創意產業。

馬特爾並以嬉皮資本主義來形容二〇〇八年之後的全球文化資本主義，理由是，即使是

美國的電影產業，也從以前的寡頭式規模經濟結構，開始走向兼具高度集中性和分散性、高度創造性和破壞性的雙向並存狀態。

何小台：這種特性其實在迪士尼的轉變上已經可以清楚看見，它稱之為混合文化策略，在迪士尼的創意娛樂部，大眾藝術和大眾文化緊密相隨。他們的目的是淡化藝術和娛樂之間的界線，盡量使電影的每個場景和故事都發生在不同的國家，實施所謂因地制宜的在地化。李安的電影其實也在走這條路。

范揚松：在這樣的新創意經濟環境中，華文創意從人口的市場來看，當然是一個十分有潛力的產業，但是，我們要正視的是，數量上的大所形成的力量的強，是一種硬體的暴力，不是文化的軟實力所講求的精髓。當我們還一直浸淫在《我是歌手》這樣，一味講求投資經費的大，更要及早深思如何在真正的創意價值上有所發揮，那才是創意的生命力。

解　崙：范教授一針見血！花大錢做事容易，但創意的真義是不花大錢也能辦大事。我在第二樂章講的虛實，強調的就是創意最後要創造出有形和無形的價值，而我們應該認清的是，今日世界裡無形的價值要高於有形的價值。所以，軟的形象、品牌、信譽、文化價值，要趕緊去翻箱倒櫃地找出來。

范揚松：管理的精義是，講求在對的時間做對事的方法。因此，我特別強調創意和創新的管理都要追求有效的方法。創意管理的方法涉及三個重要的P，一是過程（process）的管理，二是路徑（path）的管理，三是策略和定位（position）的管理。創意至今仍然沒有一致的定義，但還是有一些很實用的評估參數，能夠讓大家在創意這條路上可以有方有圓。

◎全球性多元文化的創意彈性

解　崙：人類創造的不同文明及其相互之間的對話與溝通、衝突與融合、傳播與影響，乃至演變與整合，體現了人類文明發展的多樣性統一。古往今來，各國家、各民族皆秉承各自的歷史和傳統，憑藉各自的智慧和力量參與各個歷史時期文化版圖的建構，同時又在總體上構成了人類文明發展的輝煌而璀璨的歷史。

我們談到創意經濟，固然像老舍說的：「沒有民族風格的作品，是沒有根的花，它不但在本鄉本土活不下去，而且無論在哪裡也活不下去。」但是我們也不能忽視，在地球村時代的今天，我們的創意經濟也必須跨出既獨特又多元、既集中又分散、既競爭又競合的新步伐。

范揚松：法國學者馬特爾寫的《主流》一書，向大家講述了許多跨國企業的文化經營故事：迪士尼、索尼、新聞集團、博德曼等國際文化資本，如何透過併購、聯合製作等方式，逐步占領世界各國市場？全球文化菁英和影視明星，包括中國的張藝謀、章子怡，如何被好萊塢招至麾下？日本如何透過漫畫、流行音樂等實現「重返亞洲」的戰略？韓國如何透過韓劇，進而促進三星等韓國產品在亞洲、中東等海外市場的銷售？印度如何透過與好萊塢結盟，抗衡中國？伊朗如何成為各國媒體追逐的目標？非洲如何成為歐洲、美國、中國、印度、巴西等共同爭奪的市場？世界文化戰爭將形成怎樣的地緣政治新格局？而在全球化和數字化的時代背景下，誰又將贏得全球文化戰爭的勝利？我們都不能只知其一，不知其二。

何小台：從好萊塢電影到蘋果手機，你購買的是娛樂還是文化？從菁英文化到大眾流行，你所處的時代誰在製造影響力？這確實是創意產業要深思的問題。

我們站在華文創意這個基本舞台，對於今日創意經濟產生的現象和它激起的效應，都應該用更開放的胸襟和國際的眼光來面對，例如當可口可樂收購了哥倫比亞電影製片公司、當電影製片公司就是銀行、當功夫熊貓成為好萊塢的中國面孔、當寶萊塢出征好萊塢……等等。

黃丙喜：我們談創意的價值，勢必要談到一點——到底價值和價格的差異在哪裡？這個問題如果用行為經濟學的解釋還蠻有意思。

北京大學經濟學教授汪丁丁的說法是，價格其實原來是分開的觀念，價即是甲骨文的「貝」，也是古希臘的「交易」（Catallactics），意指結交朋友。價在行為經濟學的解釋是，關於事物／事務重要性的排序中，一項相對於另一項的序差。而有關價＋格的講法源於日本，指出物品重要性的某一個定位。

價值在行為經濟學的解釋是「重要性的被感知」（Importance Felt），而人對重要性的感受仰賴「C-D Gap」、情緒和性格，更仰賴情境或語境的影響。C-D Gap就是海納（Ronald Heiner）模型中，認知和情緒對於不確定性的差異反應。價值和價格的感知都得仰賴市場的運作，私價的感知則受三重因素：情、境、理的影響。

解　崙：謝謝黃教授的開釋（眾人大笑）。我們最後也許必須談到創意的接納率的問題，讓大家對於創意可以經由變量的分析，有更清楚的認識，因為這也是創意的重頭戲。

范揚松：確實如此，決定創意接納率的變量涉及兩個構面，一是創意可見的特性，包括相對優勢、相容性、複雜性、可實驗性和可觀察性。另一是採納者的類型，包括創新者、早期採用者、早期大眾、晚期大眾和落後者。而傳播的管道又和社會系統中創意代理人的努力程度有關。

何小台：講到這裡，創新理論學者羅傑斯（E. Rogers）的「創新擴散理論」（Diffusion of Innovations Theory），很值得大家一讀再讀，我把它整理如圖七．一，它解釋了創新和創意由認知、說服、決策到確認的整體過程。我們曾向大家解釋創意的四個構面是：創異、創憶、創藝和創益，創憶是一個複雜連續變動的過程，這張圖讓大家對它的演變過程有更清楚的了解。

解崙：福爾摩斯說：「沒有數據就形成理論是極大的錯誤。」對於創意經濟，我們想說的是，沒有清楚創意一切事物的相互結構就貿然行動，也是極大的風險。理解了我們情感變化的流動，則會讓我們更能心領神會藝術的精妙細微。這也是我們這本書從經濟學、心理學、文化學、人文藝術、管理學、投資學等多重觀點來探討它的原因，希望大家有不同的、豐富的收穫。

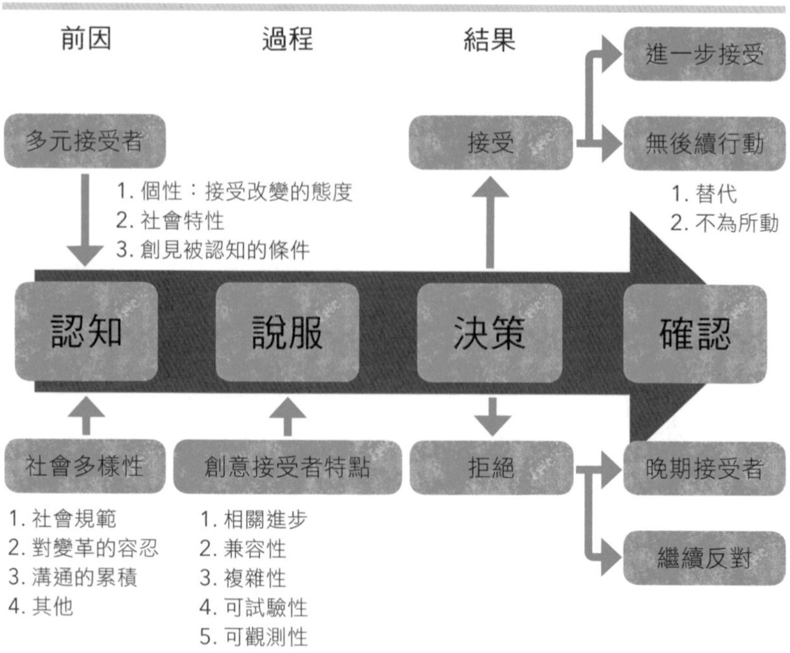

圖 7.1　創新擴散理論

我們非常同意創意＋設計＋文化＝美學經濟的引擎，而創意經濟、美學價值的時代已經來臨。而在這個MFA（藝術管理碩士）取代MBA（商業管理碩士）的經濟新時代，我們認為工商界人士更要懂得運用新的經營策略。

我們在寫這本書的過程中，曾經對於創意經濟給予策略的定義，它用英文的STRATEGY，可以拆解成為下列的方程式：

System Thinking + Resource Aesthetic（coherence）+To Enlarge Growth and Yield

系統性思考就是大格局思考，（以創新為中心）用創意啟動新思維、新方向和新方法，（以人為中心）用設計協調衝突和解決問題。整合美學的資源運作，透過美學讓每個細節都完美，合乎人性，並讓設計與商業無縫接軌。

總之，創意美學＝賞心悅目＋動聽悅耳＋動人傳唱，以及和諧的曲線＋互動的曲調，替人們創造無限的經濟和文化價值。在此替大家為創意經濟的營運策略做個總結，期待今後有更多的機會一起討論。

◎那些耕耘文化的聲音

黃連煜、羅思容、陳永淘是台灣客家新創歌手，台灣大學客家研究中心主任邱榮舉和台灣科技大學教授黃丙喜在某次國際研討會中，請他們出席演唱，並就客家藝術的創新和大眾進行面對面的對話。

邱榮舉（台灣大學客家研究中心主任）　陳永淘（客家歌手兼創作人）
黃丙喜（台灣科技大學EMBA教授）　黃連煜（音樂製作人兼創作歌手）
羅思容（歌手韋創作人）

邱榮舉：藝術家與學者是產業文化化中最有能力進行創意和創新的工作者，我們很高興看到黃連煜、羅思容、陳永淘這幾年以客家為背景和文化為元素，加以創新運用，獲得令人感動的成就，我們先用掌聲向他們致意。

陳永淘：創作客家歌曲是一件很辛苦的工作，因為市場不大。我當初做這件事，覺得這是客家精神和文化的傳承。客家的場景有很多動人的記憶，如果我們這一代的人都不唱了，到了我們的小孩那代當然就會失傳。

羅思容：我們帶著歡喜的心來唱客家的歌。我們也帶著給客家的歌添些新意的心來創作。客家是一個在大時代中遷徙的族群，看看在世界文化歷史中，在大的遷徙和移動中經常會有動人的傳唱，這些都是啟發民間藝術很大的動力。

黃連煜：與大眾對話是藝術工作者必要的功課，它能讓我們更親近民眾的心理和生活，這是民歌創作的必要元素。我想羅思容唱〈七層塔介滋味〉和我唱〈客家小炒〉有一樣的心情，那就是希望客家的故事能夠成為很多人生活的美好記憶。

黃丙喜：你們三位做的事非常不容易，也非常有意義。創意要經常耐得住寂寞，在小眾市場創新更經常是吃力不討好。芝加哥大學教授雷德菲爾德（Robert Redfield）說：「未來的世界，在大的地球村中，也要存在很多的小社會（The Little Community）。」你們的創作很有時代意義，所以向三位致敬。

三位的創作有很多飲食的場景。飲食習慣和傳統，是民族文化中非常重要的一項資產，因為它的作用不只是生存，也是快樂和保障的泉源，還是好客、社會地位的象徵，具有禮儀上的重要意義。

邱榮舉：黃教授剛才講的話是有理論基礎的，我知道他在非學術場合不喜歡引經據典。這是當今世界知名的文化學者薛佛在《經濟革命還是文化復興》中的重要見解。我做這樣的引申，是要向三位表達你們做的事很有意義。

黃丙喜：〈七層塔介滋味〉和〈客家小炒〉精確地善用客家文化中重要的資產，並以創新、重組與整合的方法，與現代化的音樂及文字的詮釋，傳遞出客家的精神及族群意象，十分具有創意價值。

◎找到文化中最強而有力、具代表性的特點

黃連煜：我在創作客家歌曲時，腦中一直在思考的重點是，怎麼善用民族文化整體中某些最強而

有力、最具有代表性的特點，而後用最適當的韻律、風格和節奏去展現，讓老的族群感到新鮮，年輕的族群覺得很酷很可愛。在藝術表現及創新技巧上，我們參考了西貝流士（Jean Sibelius）的〈芬蘭頌〉、史麥塔納（Antanas Smetona）的〈伏爾塔瓦河〉、歐文．柏林（Irving Berlin）的〈願上帝保佑美國〉的曲風。

陳永淘：確實，連煜和思容掌握了客家文化中可以大加表現的「強而有力」與「具代表性」的特點。我也經常思考這樣的特質。我最近看了王愛君在東吳大學學報一篇有關「客家族群正面意象」的文章。它很有意思，指出了客家歌曲可以更精確發揮的方向和元素。

羅思容：勤勞、儉樸、好客原本就是客家的特質。我想向大家請教的是，也是我經常納悶的問題，我們客家是否應該在當前小眾文化面臨激烈衝擊的時刻，靜下心來做更多文化發掘和精神省思的工作，以讓我們的創作和創意增添價值？

邱榮舉：《周易》對文化的解釋是，文化關乎人文，以化成天下。我很佩服北京師大教授于丹引述《說文解字》對文化的說法：文者紋也，觀察世間百態，將百態雲集，了然於心，再去廣播天下，賦予它一個理念。我要強調的是，客家文化的DNA是它的民族精神，創新和創意的加值方法可以變質，但不能去除它精萃的本質。

黃丙喜：客家文化的產業價值剖析，是客家文化產業現代化的道路，從文化產業化到精神價值的產業化。產業文化化是指，重倫理、講誠信、重忠義、敢創新、講團隊；精神價值產業化的加值工程，則是加料與創新。而破壞性創新，恐怕是我們在尊重老祖宗之前必須存在的叛逆。

因此，我們確實要如思容所提出的見解，對客家的文化進行新時代的解析、拆解、加料、減化、改型、重組、再塑，就像在產業價值鏈上對產品和服務的創新，以及在原料、加工、設計、技術、行銷上所追求的方法變動。

◎把文化的歌唱給世界的人聽

邱榮舉：現在有個問題要向陳永淘請益。您的歌曲從〈天問〉、〈花樹下〉、〈高山花紅〉到〈春天河〉，似乎都強烈傳達您在觀察世間百態，並將百態雲集，了然於心後的心情，再經歌曲賦予它一個理念，再廣傳天下。您在這些歌曲中最想傳達的精確訊息是什麼？

陳永淘：傳達我童年生活以及成長的記憶，也同時向我們這一代的客家人發出疑問。我們的客家歌可以如何快樂地唱下去？當然也有對我們客家文化的省思。我們很同意黃教授的看法，沉靜是創意人很重要的功課。

我也同意一個藝術家最重要的工作是，幫助外行人了解自己文化的特性，並清除介於觀眾與他所描繪的意象之間的障礙。這個由美國心理學家霍爾（Edward Hall）指出的「隱性的價值」（The Hidden Dimension）非常重要。

黃丙喜：我們談文化的創新和創意，文化產業化的載體在哪裡是它的共同問題：文化唱戲、經濟搭台、創意導播，是它在今日世界的舞台上演出必要的整合。我們要唱客家的歌給世界的人聽。

羅思容：歌之所以為歌，因為它有感情有生命，我們的感情是一樣的，但生活的場景會換，所以唱的方法，寫的詞曲都得要變化。「彈彼條悲情戀歌，流浪到這位」，這首〈溫泉鄉的吉他〉雖是閩南歌，唱出的卻是大家在溫泉鄉觸景生情的心境。歌詞、歌曲是人們共通感情的載體，是他利用一把吉他這個載體，展現藝術的創作、技術的創新與情感變化的傳遞媒介；歌詞則是訴說心情故事的文字；歌曲是訴說心情故事的音符。

黃連煜：音樂藝術創作的一大場景是，人藉地藉物藉景，藉音樂歌曲歌詞，以之抒發的情意與人生感慨，此一內容是文化的精髓。但是聰明、有創意的藝術家用同一素材可以變出不同花樣。洪一峰、蔡琴、秀蘭瑪雅等人對同一首歌，唱法和詮釋的不同風格，正是文化創新價值的最大來源。

邱榮舉：當前客家音樂有各位的努力已經展現新貌，但未來的發展將面臨很多難題。哈佛大學教授甘恩說：「文化是產業的背景與容器。」而根據哈佛大學教授波特（Michael Porter）的競爭優勢理論，特色（民族）文化產業競爭力主要包括三大核心能力：整體創新能力、市場拓展能力、成本控制能力，和差異化與聚焦化的轉換能力。我們今後希望有更多的時間來討論這些議題。

尾聲——謝幕

創意是需要跨業交流才能圓滿的知識，也要融入許多實務的經驗，才能創造更多和更高的價值；因此，它不是任何個人可以獨立完成的工作。我們慶幸有許多好朋友及同事、同學的熱心指導及幫忙，我們特別要向這些人士深表敬意和謝忱：

文化大學創意產業中心主任李欣龍、台灣藝術大學沈莒達教授、武俠大師金庸、學學文創志業董事長徐莉玲、台灣科技大學管研所覃冠豪教授、台中科技大學馮志能教授、台灣經濟研究院研究員黃兆仁博士、台北市文化局長劉維公、台灣科技大學管理學院院長盧希鵬、廈門大學藝術學院院長蘇力。

感謝您們的指導及協助，使得這本書增加了許多獨到而且實用的內容。

此外，台灣科技大學管理學院ＥＤＢＡ／ＥＭＢＡ／ＩＭＢＡ和設計學院的設計碩士、政治大學的EMBA／IMBA、瑞士歐洲大學DBA／MBA、上海交通大學產業創意研究所的EMFA和廈門大學藝術學院MFA和創意研究中心的校友及同學們，謝謝你們提出許多實驗及實證性的支持論點。對話中有太多的驚奇！年輕真的是想像力和創意力的本錢。我們不會忘記你們每次參與時的熱情及歡樂的情景，教室及球場變成一個個充滿創意、朝氣及希望的知識天地。

我們從事寫作論述工作已經十餘年，特別是近年寫作簡易實用導向的管理類書籍，早能心領神會孔子所說「述而不作」的道理。而我們在進行資料蒐集、研究分析及寫作的過程中，出乎意料地得到大家的高度認同及友善的協助，額外讓我們深刻體認到「獨樂樂不如眾樂樂」的意義和樂趣。

商周出版總編輯陳美靜給我們最大的空間，責任編輯黃鈺雯給我們無數的協助，最令我們無後顧之憂的是，資深媒體人陳啟明，她駕馭文字和理解藝術管理的能力，解除了我們至為擔心的寫作問題。

再次向各位深致謝忱！我們特別留下了E-mail，期待藉由大家的互動，讓創意更加百家爭鳴、百家齊放。

國家圖書館出版品預行編目(CIP)資料

創意人一定要懂的7堂EMBA課 /何小台、范揚松、黃丙喜、解崙著. -- 初版. -- 臺北市 : 商周出版 : 家庭傳媒城邦分公司發行, 民102.06
面； 公分. --(商周其他系列 ; B00192)

ISBN 978-986-272-378-4(平裝)

1.文化產業 2.創意 3.企業管理

541.29 102008203

創意人一定要懂的7堂EMBA課

作　　者／何小台、范揚松、黃丙喜、解崙
企劃選書／陳美靜
責任編輯／黃鈺雯
版　　權／黃淑敏、翁靜如
行銷業務／周佑潔、張倚禎

總 編 輯／陳美靜
總 經 理／彭之琬
發 行 人／何飛鵬
法律顧問／台英國際商務法律事務所
出　　版／商周出版　臺北市中山區民生東路二段141號9樓
電話：(02)2500-7008　傳真：(02)2500-7759
E-mail：bwp.service@cite.com.tw
發　　行／英屬蓋曼群島商家庭傳媒股份有限公司　城邦分公司
台北市104民生東路二段141號2樓
電話：(02)2500-0888　傳真：(02)2500-1938
讀者服務專線：0800-020-299　24小時傳真服務：(02)2517-0999
讀者服務信箱：service@readingclub.com.tw
劃撥帳號：19833503
戶名：英屬蓋曼群島商家庭傳媒股份有限公司城邦分公司
香港發行所／城邦(香港)出版集團有限公司
香港灣仔駱克道193號東超商業中心1樓
電話：(825)2508-6231　傳真：(852)2578-9337
E-mail：hkcite@biznetvigator.com
馬新發行所／城邦(馬新)出版集團
Cite (M) Sdn Bhd
41, Jalan Radin Anum, Bandar Baru Sri Petaling,
57000 Kuala Lumpur, Malaysia.
電話：(603)9057-8822　傳真：(603)9057-6622　email: cite@cite.com.my

封面設計／黃聖文　內文設計暨排版／洪偉傑　印　刷／韋懋實業有限公司
總 經 銷／高見文化行銷股份有限公司
電話：(02)2668-9005　傳真：(02)2668-9790　客服專線：0800-055-365

ISBN　978-986-272-378-4
定價／320元

城邦讀書花園
www.cite.com.tw

2013年(民102)6月初版